智慧城市中的图书馆创新：数字化服务跨界合作与社区参与

张记川 著

云南美术出版社

图书在版编目（CIP）数据

智慧城市中的图书馆创新：数字化服务跨界合作与社区参与 / 张记川著 . -- 昆明：云南美术出版社，2024.6. -- ISBN 978-7-5489-5742-3

Ⅰ . G251

中国国家版本馆 CIP 数据核字第 2024683TG8 号

责任编辑：吴　洋
责任校对：台　文　李翠娟　丁思琪
装帧设计：朝夕文化

智慧城市中的图书馆创新：数字化服务跨界合作与社区参与

张记川　著

出　　版：	云南美术出版社
地　　址：	昆明市环城西路 609 号
印　　刷：	固安兰星球彩色印刷有限公司
开　　本：	889mm×1194mm　1/16
印　　张：	12.875
字　　数：	200 千
版　　次：	2025 年 1 月第 1 版
印　　次：	2025 年 1 月第 1 次印刷
书　　号：	ISBN 978-7-5489-5742-3
定　　价：	76.00 元

前　言

随着城市的不断发展和科技的日新月异，智慧城市理念逐渐成为建设现代社会的关键力量之一。在这一背景下，图书馆作为知识的传播者和文化的守护者，面临着更为迫切的使命——如何通过数字化服务实现跨界合作，更深度地参与社区建设。本书旨在探讨图书馆在智慧城市中所扮演的新角色，以及数字化服务如何促进与其他城市元素的融合，进一步构建社区的文化生态。我们期望能够为图书馆管理者、城市规划者、社区建设者及广大读者提供对于智慧城市中图书馆创新的全面了解，激发更多的创新思维，共同构建数字化服务下更美好的城市生活。

目 录 contents

第一章　智慧城市与图书馆的新使命 / 001

　　第一节　本书的研究目的和方法 / 001
　　第二节　智慧城市的定义与特征 / 006
　　第三节　图书馆在智慧城市中的角色 / 022

第二章　数字化服务的核心元素 / 054

　　第一节　虚拟馆藏与数字化阅读 / 054
　　第二节　数据管理与知识图谱 / 064
　　第三节　智能搜索与推荐系统 / 075

第三章　跨界合作的数字化服务模式 / 083

　　第一节　行政机构与图书馆的合作 / 083
　　第二节　企业合作与创新实践 / 095
　　第三节　跨学科研究与智慧城市发展 / 111

第四章 社区参与的数字化服务体验 / 118

第一节　社区活动与数字化互动 / 118

第二节　数字化社区服务平台 / 128

第三节　文化活动与数字化展览 / 141

第五章 数字化服务的社会影响与面临的挑战 / 147

第一节　社会参与与城市发展 / 147

第二节　数字鸿沟与社会不平等 / 154

第三节　隐私保护与数据伦理 / 160

第六章 结语与未来展望 / 173

第一节　数字化服务的成果回顾 / 173

第二节　未来数字化服务的发展趋势 / 180

第三节　鼓励社区参与与反馈 / 190

参考文献 / 198

第一章 智慧城市与图书馆的新使命

第一节 本书的研究目的和方法

一、研究背景

（一）研究背景和意义

1. 智慧城市和图书馆创新的背景和概念

厘清智慧城市和图书馆创新的背景和概念在当今社会具有重要意义。随着科技的不断发展，智慧城市已成为城市规划的重要方向，而图书馆作为城市的重要组成部分，也需要不断进行创新以适应城市发展的需要。因此，本书在于探讨智慧城市和图书馆创新的相互关系及其对城市发展的影响。

本书的研究方法和研究框架主要是基于文献研究、案例分析和实地调查相结合的方式，首先对数字化服务跨界合作与社区参与的相关理论进行梳理；然后通过案例分析对相关理论进行验证和补充；最后通过实地调查了解智慧城市和图书馆创新的现状及存在的问题，提出相应的策略和建议。

"智慧城市"这一概念在当今社会正逐渐受到关注。它不仅体现了现代科技的快速发展，也反映了城市规划和管理方式的创新。作为智慧城市的重要组成部分，图书馆在信息时代也经历着前所未有的变革。传统的图书馆主要依赖于实体书籍等纸质资源，但随着数字化和信息化进程的加快，图书馆开始向数字化、智能化方向转型。这种转型不仅改变了图书馆的服务模式，也提高了图书馆的使用效率，满足了人们日益增长的信息需求。

智慧城市和图书馆创新的概念是相互关联的。智慧城市强调的是城市整体的智能化发展，而图书馆作为城市的重要公共设施，必然要适应这一趋势。图书馆的数字化转型不仅是智慧城市建设的重要一环，也是推动城市发展的重要驱动力。通过数字化转型，图书馆能够更好地服务于社区，满足居民的信息需求，也能够促进城市的经济发展和文化繁荣。

在数字化服务跨界合作与社区参与方面，智慧城市和图书馆创新也具有重要意义。随着信息技术的不断发展，图书馆不仅是提供书籍借阅服务的地方，更成为一个集学习、交流、创新于一体的综合性信息平台。通过与社区和其他机构合作，图书馆能够更好地满足居民的需求，为其提供更加个性化和多样化的服务。同时，社区参与能够促进图书馆的进一步发展，形成一个良性循环。

2. 分析数字化服务跨界合作与社区参与的必要性和重要性

在信息时代，智慧城市已成为城市发展的重要方向。智慧城市以云计算、大数据、物联网等新兴技术为支撑，通过跨部门、跨领域的资源整合和信息共享，实现城市管理的智能化、精细化，提高城市治理效能和人民生活水平。在这个背景下，图书馆作为城市的信息中心和教育基地，也需要进行创新和转型。图书馆不再是单纯的纸质书籍的收藏者和提供者，而要成为数字化服务的引领者和跨界合作的推动者。

数字化服务跨界合作与社区参与在智慧城市建设中具有重要意义。首先，数字化服务是智慧城市建设的重要内容。图书馆作为城市的信息中心，需要充分发挥其信息资源优势，通过数字化服务为城市的发展提供有力的信息支撑。其次，跨界合作是实现智慧城市建设的必要手段。智慧城市的建设需要各个部门、各个领域的协同合作，而图书馆作为信息交流的中心，需要发挥其跨界合作的作用，推动不同领域之间的信息共享和合作。最后，社区参与是实现智慧城市建设的重要途径。智慧城市建设需要充分考虑社区的需求和参与，而图书馆作为社区的信息中心和教育基地，需要积极推动社区参与，满足社区居民的信息需求和教育需求。

因此，本书的研究目的是探讨图书馆在智慧城市建设中的数字化服务跨界合作与社区参与的问题。具体而言，本书将研究以下几个方面：其一，图书馆在智慧城市建设中的角色和定位；其二，数字化服务跨界合作的方式和机制；其三，社区参与图书馆数字化服务的现状和问题；其四，优化数字化服务跨界合作与社区参与的策略和建议。

（二）研究目的和研究问题

1. 本书的研究目的和研究问题

本书的研究目的在于探讨数字化服务跨界合作与社区参与在智慧城市和图书馆创新中的具体实践、影响与价值。研究问题主要包括：数字化服务跨界合作与社区参与如何促进智慧城市和图书馆的创新发展？其背后的机制和原理是什么？这些实践对于城市发展和社区建设有何重要意义？

本书旨在探讨智慧城市背景下图书馆创新的路径和方法。人们需要先了解智慧城市和图书馆创新的背景和概念，这有助于人们更好地理解研究的背景和意义。智慧城市是利用信息技术和智能化手段来改善城市的交通、能源、环境、公共服务等，提高城市的管理效率和人民的生活质量。图书馆创新是在智慧城市的背景下，利用信息技术和智能化手段来改变图书馆的传统服务模式，提高图书馆的服务质量和效率。在研究背景和意义的基础上，提出了研究问题，即如何利用信息技术和智能化手段来创新图书馆的服务模式，提高图书馆的服务质量和效率。为了解决这个问题，需要进行深入的研究和实践。

研究目的是通过研究和实践，提出智慧城市背景下图书馆创新的路径和方法，提高图书馆的服务质量和效率。为了达到这个目的，相关人员制定了详细的研究计划，包括以下几个方面：第一，需要对智慧城市和图书馆创新的相关理论和实践进行深入的研究和分析；第二，需要调查和分析现有的图书馆服务模式和存在的问题；第三，需要提出智慧城市背景下图书馆创新的路径和方法，并进行实践验证。我们需要通过这些步骤实现研究目的，并为图书馆的创新发展提供有力的支持。

在研究过程中，遇到了一些难点和挑战。其中最大的难点是调查和分析现有的图书馆服务模式和存在的问题。由于不同图书馆的服务模式和存在的问题各不相同，相关人员需要进行大量的调查和分析工作，以获取准确的数据和信息。此外，相关人员需要对调查结果进行深入的分析和研究，以提出有效的创新路径和方法。为了克服这些难点，应对这些挑战，相关人员采用了多种研究方法和工具，包括文献调研、问卷调查、访谈、案例分析等。这些方法和工具可以获取足够的数据和信息，并对它们进行深入的分析和研究。

2. 本书研究的重点和难点

数字化服务跨界合作与社区参与的必要性和重要性是本书研究的重点之一。在智慧城市建设中，数字化服务的跨界合作可以促进信息共享、优化资源配置、提高服务质量，有助于打造智慧型、创新型的城市。同时，社区参与可以增强社区成员的归属感，提高公众对智慧城市建设的认识和参与度，对推动城市发展具有积极的作用。

本书将选取几个典型的智慧城市和图书馆作为案例研究对象，通过深入剖析其数字化服务跨界合作与社区参与的实践经验，探讨其成功因素及存在的问题。同时，笔者将实地调查了解智慧城市和图书馆在创新发展过程中面临的挑战和机遇，从多维度对数字化服务跨界合作与社区参与的影响力进行评价，并提出相应的策略和建议。

本书的研究结果将展示数字化服务跨界合作与社区参与在智慧城市和图书馆创新发展中的具体实践、影响与价值。同时，本书将深入讨论数字化服务跨界合作与社区参与在推动智慧城市和图书馆创新发展中的内在机制和原理，以及其在城市发展和社区建设中的重要贡献。

二、方法论与研究途径

（一）本书的研究方法和研究框架

本书主要采用了文献调研和案例分析相结合的方式展开研究。首先，通过查阅相关文献和资料，了解智慧城市和图书馆创新的相关背景、概念和发展现状。同时，结合实际案例，对智慧城市中的图书馆创新实践进行深入的分析和研究。通过对比分析不同案例的成功经验和不足之处，总结、归纳智慧城市中图书馆创新的模式、特点和规律，为本书的研究提供有力的理论支撑和实践依据。

在研究框架方面，本书主要从智慧城市和图书馆创新的关系入手，首先，对智慧城市和图书馆创新的背景和概念进行阐述，为后续的研究提供理论基础。其次，针对数字化服务跨界合作与社区参与的必要性和重要性进行分析，揭示智慧城市中图书馆创新的重要性和必要性。再次，本书将重点探讨智慧城市中图书馆创新的模式和机制，通过案例分析的方式，深入剖析图书馆在智慧城市中的角色、定位和服务方式。在研究内容和研究方法方面，本书将结合文献调研和案例分析的方式，对智慧城市中图书馆创新进行深入研究和分析。具体而言，本书将通过收集和分析智慧城市中图书馆创新的案例数据和相关调查问卷，考察图书馆在智慧城市中的服务模式、用户需求、资源整合、社区参与等方面的情况。最后，本书将采用定性和定量相结合的研究方法，对图书馆在智慧城市中的创新实践进行深入的剖析和解释。通过对比不同案例的成功经验和不足之处，总结、归纳智慧城市中图书馆创新的成功要素和制约因素，为未来智慧城市中图书馆创新的发展提供参考和借鉴。

（二）展开描述各部分的研究内容和研究方法

智慧城市和图书馆创新的背景和概念在当今社会具有重要意义。随着科技的不断发展，智慧城市逐渐成为城市规划的重要方向，而图书馆作为城市的重要组成部分，其创新发展也备受关注。智慧城市是通过各种先进技术和手段，将城市的各个领域紧密地连接在一起，实现城市的高效管理和智能化服务。图书馆作为城市公共文化服务体系的一部分，其创新发展对于促进城市的文化发展、提升城市居民的文化素质具有不可替代的作用。在数字化时代，图书馆需要不断适应新的环境和需求，加强数字化服务跨界合作与社区参与，为读者提供更加便捷、高效、优质的服务。

本书旨在探讨智慧城市和图书馆创新的背景和概念，分析数字化服务跨界合作与社区参与的必要性和重要性，为图书馆创新发展提供理论支持和实践指导。本书采用文献调研、案例分析、问卷调查等多种研究方法，对智慧城市和图书馆创新的相关文献、案例进行梳理和分析，同时通过问卷调查了解读者对数字化服务跨界合作与社区参与的需求和看法。其中，文献调研主要从学术论文、政策文件、报告等获取相关信息；案例分析选取了若干个成功的图书馆创新案例进行深入剖析；问卷调查针对读者群体进行广泛的调查，以获取读者的真实需求和反馈。

研究结果表明，智慧城市和图书馆创新的发展是相互促进的，数字化服务跨界合作与社区参与对于提升图书馆服务质量、促进城市文化发展具有积极作用。未来研究方向应包括进一步深化数字化服务跨界合作与社区参与的实践探索和理论研究，加强国际交流与合作，共同推动智慧城市和图书馆创新的发展。

第二节　智慧城市的定义与特征

一、智能化基础设施

（一）智能交通系统

1. 智能交通系统的概念和组成

智能交通系统是一种现代化的交通管理系统，它结合了计算机、通信、传感器和数据分析等多个领域的技术,旨在提高道路交通的安全性、效率和舒适度。智能交通系统主要由以下几个部分组成。

(1)智能交通控制中心

这是整个智能交通系统的核心,它具有高度智能化和自主化的特点,能够利用先进的技术对各个交通路口的车辆数据和交通信号灯的状态进行实时采集和分析。在面对复杂的交通情况时,它能够快速、准确地做出决策,并通过网络将指令精准地发送给各个交通路口的控制器,从而实现整个交通系统的协同运作和智能化管理。这种智能交通系统不仅提高了交通效率,减少了拥堵和交通事故的发生,还有助于改善城市环境和提高市民的生活质量。

(2)智能交通信号控制器

这些控制器是精密安装在各个交通路口的重要设备,负责准确接收来自智能交通控制中心的指令,并根据指令精准控制交通信号灯的时序和持续时间。这些控制器采用了先进的算法和智能技术,能够根据实时交通情况进行智能调整,确保交通顺畅,减少拥堵,提高道路安全性能。同时,这些控制器还具备远程控制功能,可以通过智能交通控制中心进行远程监控和调整,实现更加高效和精准的交通管理。

(3)传感器和检测器

传感器和检测器是现代智能交通系统的重要组成部分。这些设备被安装在道路和交通路口,能够精确地检测车辆和行人的流量、速度和方向等信息。它们采用了最先进的检测技术,如雷达、视频、激光等,能够实时地捕捉并分析交通数据。这些传感器和检测器不仅具有高精度和高效率,还能够适应各种不同的交通环境。例如,它们可以检测不同类型的车辆,包括小型汽车、大型货车和摩托车等,同时还可以检测行人和非机动车。这些信息被传输到智能交通控制中心,为交通管理部门提供实时、准确的数据支持。智能交通控制中心是整个智能交通系统的核心。它通过接收传感器和检测器传输的数据,对交通状况进行实时监控和分析。根据这些数据,交通管理部门可以做出更加明智的决策,如调整信号灯的时间、限制某些车辆的通行等,从而有效地减少交通拥堵现象，提高道路安全性。

（4）通信网络

智能交通系统需要一个非常高效的通信网络来传输数据和指令，这个网络可以是无线的，也可以是有线的，通常由城市的基础设施建设相关部门来提供。为了确保智能交通系统的正常运行，这个通信网络必须具备高速度、高可靠性和高稳定性，以便实时地传输数据和指令。同时，这个网络也需要具备处理大量数据的能力，以便有效地支持智能交通系统的各种应用。因此，城市的基础设施建设相关部门需要投入大量资金来建设和维护这个通信网络，以确保其满足智能交通系统的需求。

（5）数据分析系统

这个系统负责对收集到的数据进行处理和分析，使决策者深入了解交通状况，同时为决策者出台政策、采取措施提供依据，以便更有效地规划和管理城市交通。

2. 智能交通系统对城市交通治理和效率提升的积极影响

随着科技的不断发展，智能交通系统正逐渐成为城市交通治理的重要工具，对于提升交通效率、缓解城市交通压力、提高交通安全等方面具有显著的影响。

智能交通系统通过运用先进的通信技术、计算机技术和传感器技术，实现了对城市交通的实时监控和智能化管理。在道路拥堵的情况下，智能交通系统能够及时调配交通信号灯的控制时间，使车辆流畅地通过路口，避免拥堵情况的发生。此外，智能交通系统可以提供实时的路况信息，为驾驶者提供最佳的行驶路线，从而减少行驶时间和燃油消耗，提高整体的交通效率。

智能交通系统的应用不仅提高了交通效率，还有效地缓解了城市交通压力。通过实时监测交通流量，智能交通系统可以预测和防止拥堵情况的发生，从而避免因拥堵造成的经济损失和环境压力。此外，智能交通系统能够为驾驶者提供多条路径选择，使驾驶者更加灵活地规划出行路线，减轻城市交通的压力。

智能交通系统在提高交通安全方面也发挥了积极的作用。通过安装智能交通信号灯和监控设备，智能交通系统能够实时监测道路状况和车辆行驶情况，及时发现并消除交通安全隐患。此外，智能交通系统可以提供实时的天气信息和路况预报，为驾驶者提供更加准确的路况信息，降低交通事故的发生率，提高道路的安全性。

智能交通系统的应用还有助于改善环境质量。通过优化交通信号灯的控制策略，智能交通系统能够减少车辆的停车次数和加速次数，从而减少了尾气排放和噪声污染。此外，智能交通系统能够提供实时的空气质量监测数据，为驾驶者提供更加准确的环境信息，使驾驶者更加健康地出行。智能交通系统对于城市交通治理和效率提升具有显著的积极影响。通过运用先进的科技手段，智能交通系统实现了对城市交通的智能化管理和监控，提高了交通效率，缓解了城市交通压力，提高了交通安全性，改善了环境质量。未来，随着技术的不断进步和应用范围的不断扩大，智能交通系统将在城市交通治理中发挥更加重要的作用。

3. 探讨智能交通系统的技术实现和应用场景

智能交通系统是一种利用先进的信息技术、通信技术、传感器技术、电子控制技术和计算机处理技术，对城市交通系统进行智能化管理，以提高交通系统的运行效率，减少交通拥堵和交通事故的发生，同时提高交通安全性和舒适度的综合系统。智能交通系统的技术实现主要包括以下几个方面。

（1）传感器技术

通过在道路上布置传感器，实时监测道路交通情况，并将数据传输到数据中心，为交通管理提供实时数据支持。这种做法可以有效地提高交通管理的效率和准确性，也可以为城市规划和交通治理提供更加科学和可靠的数据支持。在道路上布置传感器可以监测道路交通流量、车速、车辆密度等关键指标，并将这些数据传输到数据中心进行存储和分析。通过对这些数据进行实时监测和分析这些数据，交通管理部门可以更加准确地了解道路交通情况，及时发现交通拥堵和交通事故等异常情况，并采取相应的措施进行处理和应对。此外，人们通过对数据中心存储交通数据进行分析，还可以为城市规划和交通治理提供科学和可靠的数据支持。城市规划者可以根据交通数据对城市交通系统进行优化和改进，提高城市交通的效率和安全性。同时，交通治理机构也可以根据交通数据对交通违法行为进行查处和打击，保障道路交通的安全和畅通。

（2）通信技术

利用无线通信技术，实现车辆与车辆、车辆与道路基础设施之间的信息交换，使交通系统中的各个组成部分更加协调、高效地运作，提高整个交通系统的协同性；加速系统的响应速度。这种信息交换可以包括车辆的位置、速度、行驶方向等实时信息，以及道路交通状况、交通信号灯的状态等各种交通信息。这种协同性可以有效地减少交通拥堵，提高道路安全性和通行效率，给人们出行带来更加便捷、安全的体验。

（3）电子控制技术

先进的电子控制技术能够实时监测并分析交通系统的各种数据，包括交通信号灯的状态、车辆行驶速度、道路拥堵情况等。对这些数据进行实时分析，能够实现交通系统的智能化管理，有效地提高交通系统的运行效率和管理水平。同时，这种智能化管理能够更好地保障道路安全，减少交通事故的发生。因此，电子控制技术在交通系统中的应用已经成为现代城市交通管理的重要发展方向。

（4）计算机处理技术

利用计算机处理技术，对收集到的数据进行处理和分析，为交通管理提供决策支持。智能交通系统的应用场景非常广泛，主要包括以下几个方面：

第一，智能交通信号控制：凭借其先进的技术，实时监测交通流量和路况信息。通过精准的数据分析，它能够迅速判断当前交通状况，并自动调整信号灯的灯光时序。这种调整旨在使车辆和行人更加顺畅地通过路口，从而显著提高交通效率。这种智能系统的运行基于庞大的数据库和强大的算法，能够快速处理并实时分析交通数据，以便及时做出最佳的决策。此外，该系统能够根据不同时间段和天气条件进行自我调整，以适应各种交通场景。

智能交通信号控制系统的应用不仅提高了交通效率，还减少了交通拥堵和事故，能够有效地协调交通信号灯的工作，确保行人和车辆的安全。同时，它能够优化交通流量，使城市交通更加顺畅和高效。

第二，智能停车系统：通过物联网技术和传感器技术，实现停车位的自动分配和计费，方便车主寻找停车位和缴纳停车费。

第三，智能公共交通系统：通过实时监测公共交通车辆的行驶情况和路况信息，智能公共交通系统可以优化公交线路和班次，提高公交效率。

第四，智能车辆调度系统：通过物联网技术和通信技术，实现车辆的远程监控和调度，提高物流效率和运输安全性。

第五，智能道路安全系统：通过传感器技术和电子控制技术，实现道路安全警示和应急处理，降低交通事故的发生率。

（二）智能建筑与基础设施

1. 智能建筑和基础设施的概念及发展现状

随着科技的飞速发展和人们对提高生活品质的追求，智能建筑和基础设施越来越受到关注。智能建筑和基础设施是指通过智能化技术、设备和系统，对建筑和基础设施进行高效、安全、节能、环保的管理和控制，为人们提供更加舒适、便捷、安全的生活和工作环境。

智能建筑是指通过智能化技术、设备和系统，将建筑物内的电力、空调、照明、安防等设备集成起来，进行集中控制和管理，以实现高效、安全、节能、环保的管理和控制。智能建筑的发展起源于20世纪80年代，随着技术的不断进步和应用领域的不断拓展，智能建筑的应用范围越来越广泛，包括商业建筑、住宅建筑、工业建筑、公共建筑等。目前，智能建筑的发展存在以下几个特点。

第一，技术不断创新。随着物联网、云计算、大数据等技术的不断发展，智能建筑的相关技术也在不断创新，提供了更加智能化、高效化的建筑管理和控制方式。

第二，应用领域不断拓展。智能建筑的应用领域已经从单一的建筑物内设备控制拓展到城市管理、公共安全、环境保护等更广泛的领域。

第三，安全性不断提高。随着人们安全意识的增强，智能建筑的安全性也不断得到提高，包括网络安全、数据安全等方面。

基础设施是指为社会生产和生活提供公共服务的物质工程设施，包括交通、水利、能源、通信等。基础设施是社会赖以生存和发展的基础，对于人们的生产和生活具有重要的作用。随着城市化进程的加快和人们对提高生活品质的追求，基础设施的智能化和信息化越来越受到关注。基础设施的智能化是指通过智能化技术、设备和系统，对基础设施进行高效、安全、节能、环保的管理和控制，从而为人们提供更加便捷、安全的生活和工作环境。

目前，智能建筑和基础设施的发展趋势表现在以下几个方面。

第一，智能化程度不断提高。随着技术的不断进步和应用领域的不断拓展，智能建筑和基础设施的智能化程度也在不断提高。

第二，信息化水平不断提高。随着信息技术的不断发展，智能建筑和基础设施的信息化水平也在不断提高。

第三，安全性不断提高。随着人们安全意识的增强，智能建筑和基础设施的安全性也在不断提高。

第四，跨界融合不断深入。随着不同领域技术的不断融合和创新，智能建筑和基础设施的跨界融合也在不断深入。

2. 智能建筑和基础设施在节能、环保和高效方面的优势

随着科技的不断发展，智能建筑和基础设施已成为现代社会的重要组成部分。这些智能设施利用先进的技术和设计理念，将节能、环保和高效融为一体，具有许多发展优势。

首先，智能建筑和基础设施在节能方面具有显著的优势。智能建筑采用了智能化的控制系统，可以对建筑内的温度、湿度、照明等各项指标进行精确调控，从而有效地降低了能源消耗。此外，智能建筑还采用了太阳能、地

热能等可再生能源，进一步减少了碳排放，降低了对传统能源的依赖程度。

其次，智能建筑和基础设施在环保方面也具有明显的优势。这些设施采用了环保材料进行建造，如生态砖、再生塑料等，有效地减少了建筑对环境的影响。此外，智能建筑的智能化控制系统可以对建筑内的设备进行优化调控，减少了对空气、水源等环境资源的污染。

最后，智能建筑和基础设施在高效方面同样具有显著的优势。这些设施采用了先进的通信技术、物联网技术等，可以实现远程监控、自动化控制等功能，提高了设施的运行效率和管理效率。此外，智能建筑的设计理念强调人性化和舒适性，为人们提供了更加舒适、便捷的生活和工作环境。

3. 智能建筑和基础设施在实际应用中面临的挑战和应对措施

随着科技的进步和数字化的发展，智能建筑和基础设施逐渐成为现代社会的重要组成部分。然而，在实际应用中，智能建筑和基础设施的建设面临着许多挑战。

（1）智能建筑的建设所面临的挑战

首先，设计与施工难度大。智能建筑的建设是一项复杂且需要专业技术支持的工程，其设计和施工涉及多个领域，包括但不限于建筑、结构、水暖、电气等。这些领域需要相互协调，以确保建筑物的整体功能性和安全性。在设计和施工过程中，智能建筑需要考虑许多因素，如建筑物的外观、结构稳定性、节能环保、智能化系统等。相关人员需要对这些因素加以权衡和考虑，以确保建筑物在设计上合理、施工上可行，并满足对智能建筑的需求。如果设计不合理或施工不当，可能会导致建筑物功能不完善或易出现安全隐患。例如，如果智能化系统设计不合理，可能会导致建筑物能耗过高、安全防范不足等问题；如果施工不当，可能会导致建筑物结构不稳定、智能化系统运行受阻等问题。因此，智能建筑需要专业的技术和知识支持，以确保建筑物在设计上合理、施工上可行，并满足对智能建筑的需求。同时，设计和施工过程中需要考虑多个领域之间的协调和配合，以确保建筑物的整体功能性和安全性。

其次，成本高。智能建筑的建造过程需要庞大的资金投入。从最初的设计阶段到最后的施工阶段，每个环节都需要大量的人力和物力资源。设计和施工阶段需要专业的工程师团队，他们需要具备丰富的经验和技能，以确保建筑的质量和性能达到最佳。在设备采购阶段，需要购买先进的智能化设备和高端的建筑材料，这些设备的价格往往比传统设备高得多。在软件开发阶段，需要投入大量的时间和资金，以确保智能化系统的稳定性和安全性。因此，智能建筑的成本往往比传统建筑要高很多，这也是阻碍智能建筑普及的一个重要因素。

最后，技术更新快。随着科技的飞速发展，智能建筑的技术也在不断地更新。若建筑物的设计和设备不能及时地进行更新与升级，那么建筑物的各项功能便可能无法满足人们市场的需求，导致其落后于时代的步伐。智能建筑的设计需要紧跟时代潮流，与时俱进。落后的设计理念和陈旧的设备将会逐渐被淘汰，无法满足对高效、舒适、安全的生活和工作环境的需求。因此，为了确保智能建筑始终保持领先地位，必须不断更新技术、优化设计、提高建筑物的智能化水平。此外，智能建筑在节能、环保等方面具有很高的应用价值。智能化的设备和控制系统可以有效地降低能源消耗，减少对环境的影响。智能建筑不仅能够满足人们对高品质生活的追求，还能够为城市的发展贡献力量，推动社会的可持续发展。

（2）基础设施的建设所面临的挑战

首先，维护与管理难度大。基础设施的维护和管理是一项极其耗费人力、物力和财力的工作。为了确保基础设施的正常运转和保持良好的状态，需要投入大量的资源以进行定期检查、维修和保养。如果维护不当或管理不善，这些基础设施就会迅速老化和受到损坏，导致无法正常使用，甚至会出现安全事故，对人们的生命和财产安全构成威胁。因此，我们必须高度重视基础设施的维护和管理，确保其得到适当的关注和维护。

其次，建设周期长。基础设施的建设需要经历多个严谨的阶段，包括规划、设计、施工和验收等。每一个阶段都需要投入大量的时间和精力，以确保项目的质量和效果。如果在其中任何一个阶段出现疏忽或错误,都可能导致建设周期延长,甚至出现返工的情况。在规划阶段,需要对项目进行详细的规划和设计,确保项目的可行性和实用性。如果在这个阶段没有进行充分的调查和研究,在后续的施工过程中就可能遇到各种问题,如土地征收、拆迁、资金筹措等。这些问题不仅会延长建设周期,还会增加项目的成本和风险。设计阶段是整个建设过程中较为关键的阶段之一。在这个阶段,需要对项目的整体结构、设备和管道等进行详细的设计和规划。如果设计不合理或存在缺陷,就会导致施工过程中出现各种问题,如施工错误、材料浪费、设备不匹配等。这些问题不仅会影响施工进度,还会增加项目的成本和风险。施工阶段是将设计成果转化为实际的过程。在这个阶段,需要严格按照设计要求进行施工,确保工程的质量和安全。如果施工过程中出现疏忽或错误,可能导致项目的质量下降或出现安全问题,甚至需要进行返工或重新建设。验收阶段是对整个项目的质量和效果进行评估和检验的环节。在这个阶段,需要对项目的整体结构、设备和管道等进行详细的检查和测试,确保项目的质量和效果达到预期要求。如果验收不合格,就可能需要重新进行施工或返工,导致建设周期延长和成本增加。因此,基础设施建设需要经过多个阶段的严格把控和管理,确保每个阶段的质量和效果都达到预期要求。只有这样,才能够保证项目的顺利实施和成功落地。

最后,投资回报不确定。基础设施建设是一项庞大而复杂的工程,需要投入大量的资金和人力资源。它涉及多个领域,如交通运输、能源供应、通信网络等,需要各个领域协同合作,确保各项设施顺利运转。因此,基础设施建设需要具备高度的技术含量和专业知识,对管理和维护的要求也非常高。由于投资回报周期较长,基础设施建设需要具备长远的战略眼光和持续投入的决心。在市场变化或经济环境变化的情况下,投资回报的不确定性可能会增大,因此需要仔细评估风险和收益,以确保投资决策的正确性。

(3)应对措施

其一,对于智能建筑,需要提升设计和施工的专业性。在设计和施工过程中，要充分考虑各种因素，如建筑物的功能、结构、设备等，确保建筑物的质量和功能达到最佳状态。同时，要加强各个领域的协同合作，确保建筑物在使用过程中不会出现安全隐患。

其二，对于基础设施，要加强维护和管理。要建立完善的维护和管理制度，确保基础设施得到及时维护和管理。同时，要加强基础设施的安全监测和预警，及时发现和处理可能出现的安全问题。

其三，针对技术更新快的问题，智能建筑和基础设施需要不断进行技术更新和升级。要积极引进新技术和新设备，提高建筑物的功能和效率，同时要及时进行更新和维护，确保建筑物的质量和安全。

其四，对于成本高和投资回报不确定的问题，需要加强成本控制和风险管理。要合理规划及管理资金和资源，避免浪费和不必要的支出，同时要积极寻求合作伙伴和支持者，共同推动智能建筑和基础设施的发展。

二、数据驱动城市管理

（一）数据驱动城市管理的背景与意义

1. 数据在城市管理中的重要性

数据在城市管理中的重要性不言而喻。随着城市化进程的加快，城市管理面临着越来越多的挑战，而数据可以帮助其更好地应对这些挑战。

首先，数据可以提供更准确的信息，帮助城市管理者做出更明智的决策。例如，通过分析交通流量数据，相关人员可以了解哪个时间段和路段容易出现交通拥堵，从而有针对性地制定交通疏导方案。此外，分析空气质量数据可以了解哪些区域的环境质量需要重点关注，并采取相应的措施进行治理。

其次，数据可以提供更全面的视角，帮助城市管理者更好地了解城市的整体情况。例如，通过分析人口数据，了解城市的人口结构、分布和流动情况，从而更好地规划城市的发展方向。此外，通过分析社会治安数据，进一步了解城市的治安状况和社会稳定程度，从而更好地制定社会治理方案。

最后，数据可以提供更科学的依据，帮助城市管理者更好地评估政策效果和制定改进措施。例如，通过分析公共服务的满意度数据，相关人员可以了解哪些服务需要改进和完善，从而更好地满足市民的需求。此外，通过分析城市规划的实施效果数据，人们可以了解哪些规划需要调整和优化，从而更好地实现城市的可持续发展。

2. 数据驱动城市管理的概念及优势

随着科技的不断发展，数据驱动城市管理已经成为现代城市管理的重要方向。数据驱动城市管理是指通过收集、分析和利用大量的数据信息，对城市各个方面进行科学、精细化的管理，以提高城市管理的效率和质量。数据驱动城市管理是指基于大数据、人工智能等技术，通过收集、分析和利用城市各个方面的数据信息，对城市进行科学、精细化的管理。这种管理模式以数据为决策依据，通过对数据的深度挖掘和分析，为城市规划、建设、管理等方面提供科学依据和解决方案。利用数据驱动城市管理的优势表现在以下几点：

第一，提高城市管理的效率和质量。通过数据驱动的城市管理，相关人员能够实现科学和精细化的城市管理，这种方法避免了传统城市管理方式的盲目性和经验性，确保了城市管理的效率和质量的提高。这种管理方式，不仅使城市规划更为合理，而且能够实时监控城市运行状态，及时发现和解决问题。它利用先进的数据分析技术，对大量城市管理数据进行处理和分析，以揭示隐藏在数据背后的规律和趋势，从而为城市管理决策提供强有力的支持。这种数据驱动的城市管理方式，使城市管理者可以更加全面、准确地了解城市的运行状态，从而制定更为科学、有效的城市管理策略。它不仅可以提高城市管理的效率和质量，还可以提升居民的生活质量，为城市的可持续发展提供强有力的保障。

第二，数据驱动城市管理可以为城市居民提供更加便捷、高效的生活服务。例如，通过实时监测交通流量，预测和减少交通拥堵，为居民提供更加顺畅的出行体验；通过分析公共安全数据，及时发现和预防安全隐患，保障居民的生命财产安全；通过了解居民的生活需求和喜好，提供更加贴心、个性化的公共服务，提升居民的幸福感。

第三，促进城市的可持续发展。数据驱动城市管理可以实现对城市资源的优化配置，提高城市空间的利用效率，减少城市环境污染和资源浪费，促进城市的可持续发展。

第四，提高决策的科学性和准确性。通过数据分析和挖掘，获得更加全面、准确的数据信息，为决策者提供更加科学、准确的决策依据，提高决策的科学性和准确性。

第五，提升城市居民的生活质量。数据驱动城市管理可以更好地满足城市居民的需求，提高城市公共服务水平，为城市居民提供更加舒适、便捷的生活环境。

第六，推动数字城市建设。数据驱动城市管理是数字城市建设的重要组成部分，通过数据驱动城市管理，推动数字城市的建设和发展，提高城市的信息化水平。

（二）数据驱动城市管理的技术手段

大数据技术在城市管理中的应用已经成为一种趋势，它不仅可以提高城市管理的效率，还可以帮助城市管理部门更好地了解城市的发展状况，为城市的可持续发展提供支持。

首先，大数据技术可以用于城市的交通管理。通过对城市交通数据的收集和分析，实时监测城市的交通状况，为交通管理部门提供准确的数据支持，以更好地调配交通资源，减少交通拥堵。例如，可以利用大数据技术预测某个路段的交通流量，提前采取措施进行分流，提高道路的利用率。

其次，大数据技术可以用于城市的环境监测。通过对城市环境数据的收集和分析，实时监测城市的环境状况，为环境保护部门提供准确的数据支持，以更好地制定环境保护政策，改善城市环境质量。例如，可以利用大数据技术监测城市的空气质量、噪声污染等情况，及时发现环境问题并采取措施进行治理。

再次，大数据技术可以用于城市的公共安全管理。通过对城市公共安全数据的收集和分析，实时监测城市的公共安全状况，为公安部门提供准确的数据支持，以更好地打击犯罪行为，维护城市的治安稳定。例如，可以利用大数据技术预测犯罪行为的发生概率，提前采取措施进行防范。

最后，大数据技术可以用于城市的规划和管理。通过对城市规划和管理数据的收集和分析，更好地了解城市的发展状况和需求，为城市规划部门提供准确的数据支持，以更好地制定城市规划方案和管理政策。例如，可以利用大数据技术分析城市的人口分布、土地利用等情况，为城市的土地资源分配和城市布局提供参考。

1. 人工智能技术在城市管理中的应用

随着人工智能技术的不断发展，城市管理也开始逐渐引入这些技术，以提高管理效率和服务质量。人工智能技术在城市管理中的应用非常广泛。

（1）智能交通系统

智能交通系统是人工智能技术在城市管理中较为广泛的应用之一。借助摄像头、传感器等设备，智能交通系统能够实时监测道路交通情况，迅速发现交通拥堵和交通事故等状况，并采取相应的处理措施。这些设备可以全天候工作，确保交通情况的实时监测和数据的准确传输。

智能交通系统的应用不局限于交通管理层面，它还可以根据实时路况调整信号灯的灯光时序，提高交通效率。这种智能化的信号灯控制系统，能够根据车辆和行人的流量实时调整灯光时序，有效缓解交通压力，提高道路通行效率。此外，智能交通系统能够对城市内的各类交通数据进行采集和分析，为城市规划和管理提供科学依据。这些数据包括车辆流量、行人流量、交通事故发生率等，帮助决策者更好地了解城市交通状况，制定更为有效的交通管理和城市规划方案。

（2）智能安防系统

智能安防系统在城市管理中扮演着至关重要的角色。借助先进的技术手段，如安装监控设备、人脸识别等，智能安防系统能够实现对城市安全的全方位监控和管理。在遇到危险情况时，智能安防系统不仅具备及时发出警报的能力，还能自动联系相关人员进行处理，为城市安全保驾护航。通过智能安防系统的应用，城市管理者可以更加有效地掌握城市的安全状况，及时发现和解决潜在的安全隐患。同时，智能安防系统能为执法部分提供有力的支持，提高对犯罪行为的打击力度和效率。此外，智能安防系统可以通过数据分析和预测等技术手段，对城市的安全形势进行评估和预测，为城市管理者提供更加科学和准确的安全决策依据。这种智能化的安防解决方案，不仅可以提高城市的安全水平，还能为城市的可持续发展做出积极的贡献。

（3）智能公共服务系统

智能公共服务系统是城市管理中较为便民的应用之一，它通过安装智能设备，为市民提供了全方位的公共服务，如智能停车系统、智能公共卫生间、智能垃圾分类等。这些服务不仅为市民提供了便利，还能有效提高市民的生活质量。智能停车系统通过实时监测车位使用情况，为市民提供便捷的停车服务。当市民需要停车时，可以通过手机 App 查询附近的空闲车位，并直接导航到该车位。这样，市民可以省去在停车场内寻找车位的时间，避免了找不到车位而浪费时间。同时，智能停车系统可以根据车位的使用情况，对停车费进行动态调整，使停车费用更加合理。智能公共卫生间则可以为市民提供更加卫生、舒适的入厕环境。这些卫生间配备了自动感应水龙头、烘干机等设备，避免了接触式的污染。同时，智能公共卫生间还配有智能除臭装置，可以有效地消除异味。智能垃圾分类是为了提高垃圾的回收利用率，减少环境污染。市民可以将垃圾按照分类标准投放到相应的垃圾桶，这些垃圾桶会根据投放情况自动进行称重并记录数据。数据会实时上传到云端平台，方便相关部门进行监管和分析。同时，智能垃圾分类还可以为市民提供相应的奖励机制，鼓励市民积极参与垃圾分类工作。

（4）智能环保系统

智能环保系统是城市管理中备受关注的核心应用之一。通过装配一系列环境监测设备,如空气质量传感器、水质监测器等,可实现对环境指标的实时监控,包括空气质量、水质、噪声等。此外,智能环保系统还具备强大的数据分析和处理能力,能够及时发现环境污染的源头或异常数据,从而进行迅速应对和处置。

智能环保系统的优势不仅体现在对环境指标的实时监测和对环境污染的及时发现等方面,它还能够根据监测数据提供有针对性的节能环保建议和措施。通过大数据分析和人工智能算法,智能环保系统可以预测环境污染的发展趋势,并为城市管理者提供科学、合理的解决方案。这些建议和措施有助于促进城市的可持续发展,改善环境质量,提高市民的生活品质。

另外,智能环保系统具备与市民互动的功能。它可以通过手机应用、网站等渠道与市民进行沟通,让市民了解当前的环境状况和环保措施。同时,市民可以通过这些渠道参与环保行动,如提供环境污染线索、反馈环保措施效果等,实现城市管理的全民参与和共建共享。

2. 其他技术手段在数据驱动城市管理中的应用

随着城市化进程的加快,城市管理面临越来越多的挑战。传统的管理手段已经无法满足现代城市管理的需求,因此,需要借助先进的技术手段来提高管理效率和质量。除了大数据和人工智能,还有许多其他技术手段在数据驱动城市管理中发挥着重要作用。

物联网技术便是其中之一。物联网可以通过智能感知设备将城市中的各种设施和设备连接起来,实现智能化管理和控制。例如,通过智能交通系统实时监测道路交通情况,优化交通流量,减少拥堵和交通事故的发生。同时,物联网可以应用于智能环保领域,通过传感器和数据分析技术实现对环境的实时监测和治理。

区块链技术也在城市管理中得到了广泛应用。区块链具有去中心化、不可篡改和透明化的特点,可以有效地提高城市管理的安全性和可信度。例如,在食品安全领域,区块链可以记录食品的供应链信息,确保食品来源的透明度和可信度,避免食品安全问题的发生。

虚拟现实和增强现实技术在城市管理中发挥着越来越重要的作用。这些技术可以通过模拟和预测来帮助管理者更好地了解城市的发展趋势，发现城市发展过程中存在的问题，制定更加科学合理的管理方案。例如，在城市规划领域，虚拟现实技术可以模拟城市的建设和发展情况，帮助规划者更好地评估方案的可行性和效果。

第三节　图书馆在智慧城市中的角色

一、从传统到数字化服务

（一）图书馆服务的演变

1. 传统图书馆服务的特色

传统图书馆服务的特点可以概括为以下几点：

第一，纸质书籍为主要资源。传统图书馆是一种以纸质书籍为主要资源的机构，其收藏的书籍涵盖各种类型，如历史、科学、艺术等。这些书籍通常按照一定的分类系统进行组织和排列，如按照作者、出版日期、主题等，以便读者查找和借阅。传统图书馆不仅提供纸质书籍的借阅服务，还提供各种形式的阅读和学习支持，如阅读室、自习室、参考咨询等。传统图书馆还经常举办各种文化活动，如讲座、展览、读书会等，丰富了读者的文化生活。

第二，以人工服务为主。传统图书馆的服务大多依赖于人工操作，这些服务包括借书、还书、查阅目录等，都需要图书馆员进行人工处理。由于这些操作需要面对面地交流和提交纸质申请，读者需要亲自到图书馆提交相关申请。这种传统的服务模式不仅效率低下，而且读者需要花费大量的时间和精力去完成这些操作。此外，若人工操作出现失误，可能会出现图书丢失或错误归还等问题。

第三，空间场所的功能。传统图书馆不仅是一个静态的书籍收藏地，更是一个充满活力的学习、阅读、交流的场所。它不仅为读者提供了丰富的图书资源，更为读者提供了宁静、舒适的学习环境。为了满足读者的各种需求，图书馆精心设计了各种阅读室、自习室、报告厅等，这些空间不仅设施齐全，功能完善，而且相互之间互不干扰，保证了读者的学习效果和舒适体验。无论是想要安静地阅读、自习，还是希望在一个公共场所分享知识和见解，图书馆都能满足读者的需求，为他们提供一个理想的学习和交流空间。

第四，有限的服务时间。传统图书馆的服务时间通常比较有限，一般只在工作日白天开放，且具体开放时间也会受节假日、季节变化等因素的影响。这种固定的服务时间可能会给那些忙碌的读者造成很大的不便，因为在一些特殊情况下，他们可能无法在需要的时候使用图书馆的资源和服务。例如，有些读者可能需要在晚上或周末查阅资料，但由于这些时候图书馆未开放，他们无法获得所需的信息。这种情况可能会对读者的学习和工作产生负面影响。因此，传统图书馆的服务时间是一个需要得到解决的重要问题。

第五，地域限制。传统图书馆的服务范围通常仅限于本地区或本校，这使得一些距图书馆较远的读者无法方便地获取图书馆的资源和服务。然而，随着信息技术如互联网、云计算、大数据等技术的不断发展，图书馆服务逐渐发生了变化。这些先进的信息技术使图书馆将服务范围拓展到更广泛的地区。通过数字化和网络化的方式，图书馆可以将资源和服务更便捷地提供给更多的读者，不再受地域限制。因此，现代图书馆的服务已经变得更加灵活、便捷和多元化。

2. 数字化服务的兴起及其对传统图书馆服务的影响

随着数字化服务的兴起，传统图书馆服务受到了巨大的影响。过去，图书馆是获取信息的主要场所，但是随着互联网和数字技术的快速发展，人们越来越依赖通过数字化服务来获取所需的信息。

数字化服务的兴起不仅改变了获取信息的方式，也提高了信息获取的效率。现在，人们可以通过互联网和移动设备随时随地获取大量的信息，不再受时间和地点的限制。这种方便快捷的信息获取方式，使得传统图书馆的服务模式显得烦琐和低效。

另外，数字化服务带来了更加个性化的信息服务。现代技术使图书馆更好地了解用户的需求和喜好，能够根据用户的个人信息和阅读习惯，提供更加个性化的推荐和服务。这种个性化的服务模式不仅提高了信息服务的精准度，也提高了用户的满意度。然而，数字化服务的兴起也给传统图书馆服务带来了挑战。传统图书馆面临资源建设落后、服务模式陈旧、技术更新缓慢等问题。同时，数字化服务的便捷性和个性化特点使得越来越多的用户转向数字化服务，传统图书馆的读者数量不断减少。面对数字化服务的挑战，传统图书馆需要积极应对。首先，图书馆需要加强数字化资源的建设，提高资源的多样性和丰富性。其次，图书馆需要更新服务模式，提供更加便捷和个性化的服务。最后，图书馆需要加强技术更新，提高数字化服务的水平。

（二）智慧城市中图书馆的数字化转型

在智慧城市中，图书馆的数字化转型是不可避免的趋势。随着科技的发展和信息技术的不断更新，图书馆需要适应新的环境和变化，以满足现代读者的需求。数字化服务是图书馆转型的必然选择，因为它可以提供更加便捷、高效、灵活的服务，同时提高图书馆的资源利用效率和读者满意度。

首先，数字化服务可以提高图书馆的服务质量和效率。通过先进的数字化技术，图书馆能够将大量的纸质书籍转化为数字资源，这使得读者可以在任何时间、任何地点，都能通过在线阅读或下载的方式轻松获取所需图书。这种数字化转型不仅有助于减少图书馆的运营成本，提高图书的利用率，而且可以为读者提供更加便捷的服务，从而有效提升读者的满意度。具体来说，这种数字化转型的好处体现在以下几个方面：一是数字资源可以大大减少图书馆的存储空间，使其能够容纳更多的书籍和资料；二是通过在线阅读或下载的方式，读者可以随时随地获取所需的图书，不必亲自前往图书馆；三是数字化资源可以实现快速检索和查阅，提高读者的阅读效率；四是数字化转型可以为图书馆提供更加准确和及时的图书管理信息，使其能够更好地满足读者的需求。另外，图书馆的数字化转型可以带来一些其他的好处。例如，数字化资源可以进行自动分类和标签化，方便读者进行检索和查阅；数字化资源可以实现多语言翻译，满足不同读者的需求；数字化资源可以进行版本控制，避免出现版本混乱的情况；数字化资源可以进行备份和恢复，确保数据的安全性和完整性。

其次，数字化服务可以促进图书馆的转型和发展。随着互联网和移动设备的普及，读者对图书馆服务的需求也在不断变化。数字化服务可以帮助图书馆拓展新的服务领域，如移动阅读、在线讲座、虚拟参考咨询等，从而满足现代读者的多元化需求。这不仅可以提高图书馆的竞争力，还可以促进图书馆的可持续发展。

最后，数字化服务可以提高图书馆的资源利用效率，增强读者体验。通过数字化技术，图书馆可以将大量的纸质书籍转化为数字资源，方便读者进行搜索、浏览、借阅等操作。这不仅可以提高图书馆的资源利用效率，还可以为读者提供更加个性化的服务，从而改善读者的阅读体验。

1.图书馆数字化服务的实施路径

随着信息技术的发展，图书馆虽然已经不再是获取信息的唯一途径，但图书馆仍然在人们的生活中扮演着重要的角色。为了更好地满足读者的需求，图书馆开始向数字化方向发展。数字化服务的实施路径如下。

一是建立数字化资源库。数字化资源库是图书馆数字化服务的基础，包括各种类型的数字资源，如电子图书、电子期刊、数字报纸等。这些资源可以通过购买、自建或者共享等方式获取。在建立数字化资源库的过程中，需要注意以下几点。

其一，确定数字化资源的范围和重点。图书馆应该根据自身的特点和读者的需求，选择适合的数字化资源范围和重点。例如，综合性图书馆可以选择涵盖多个学科领域的数字化资源，而专业性图书馆可以选择针对特定学科领域的数字化资源。

其二，选择可靠的数字化服务商。数字化资源的质量和稳定性直接影响图书馆数字化服务的水平。因此，需要选择具有良好信誉和服务质量的服务商。

其三，建立数字化资源的元数据体系。元数据是描述数据的数据，可以帮助读者更好地了解和使用数字化资源。因此，建立数字化资源的元数据体系可以帮助读者更好地发现和使用这些资源。

二是提供数字化服务。图书馆数字化服务的核心是为读者提供数字化的信息服务，包括以下几个方面。

其一，提供在线查询服务。读者可以通过图书馆的网站或者移动客户端查询图书馆的数字化资源，包括电子图书、电子期刊、数字报纸等。图书馆可以根据读者的借阅历史、兴趣爱好等因素，向读者推荐相关的数字化资源。

其二，提供数字化资源的下载服务。读者可以通过图书馆的网站或者移动客户端下载数字化的资源，包括电子图书、电子期刊、数字报纸等。同时，图书馆可以根据读者的需求和数字化资源的类型，提供不同的下载方式，如整本下载或者章节下载等。

其三，提供数字化资源的定制服务。读者可以根据自己的需求向图书馆定制相关的数字化资源，如专题论文、专题报告等。图书馆可以根据读者的需求和数字化资源的类型，提供不同的定制服务方式，如在线定制、离线定制或者定期推送等。

其四，提供数字化资源的咨询服务。读者在使用数字化资源的过程中可能会遇到一些问题，如无法下载、无法打开等。图书馆可以提供在线咨询或者电话咨询等方式帮助读者解决问题。同时，图书馆可以根据读者的反馈不断提升自己的数字化服务水平。

三是加强数字化服务的宣传和推广工作。为了让更多的读者了解和使用图书馆的数字化服务，需要加强数字化服务的宣传和推广工作。这可以通过以下几个方面实现。

其一，在图书馆内张贴精美的宣传海报，吸引读者的眼球，让他们对数字化服务产生浓厚的兴趣。同时，在网站上发布详细的宣传文章，介绍数字化服务的优势和使用方法，让更多的读者了解并使用这项服务。通过这些宣传手段，图书馆可以更好地向读者推广数字化服务，提高使用率，为读者带来更加便捷的阅读体验。

其二，与学校、企业等机构合作，推广自己的数字化服务，并为其员工和学生提供相关的培训和指导。

其三，利用社交媒体等网络平台进行宣传和推广。例如，在微博、微信等平台发布相关的文章或者视频介绍数字化服务的优势和使用方法等。同时可以利用这些平台与读者进行互动交流，了解读者的需求和接收反馈信息等。

其四，利用数字化服务的特点和优势举办相关的活动或者比赛，以吸引更多的读者使用数字化服务，并对其进行宣传和推广。例如，可以利用数字化资源的定制服务举办相关的征文比赛或者主题讨论会等，以吸引更多的读者参与其中。

2. 图书馆数字化服务的优势

随着科技的不断发展，图书馆数字化服务已经成为一种趋势。数字化服务相较于传统服务具有许多优势，这些优势主要体现在以下几个方面。

（1）资源共享

数字化服务能够实现资源的共享和利用。通过数字化技术，图书馆可以对各种文献资源进行数字化处理，并将这些资源上传到网络，实现资源的共享和利用。这样，读者可以通过网络随时随地获取图书馆的资源，不仅提高了资源的利用率，也节省了读者的时间和精力。数字化服务的优势在于其能够实现资源的共享和高效利用。通过应用先进的数字化技术，图书馆可以对各种文献资源进行数字化处理，将珍贵的文献资源转化为电子文档，便于保存和传承。这种资源的共享和利用具有多种优势。

首先，数字化技术使得文献资源的获取更加便捷。传统的图书馆借阅方式需要读者亲自前往图书馆，并在规定时间内归还图书。而数字化技术打破了时间和空间的限制，读者只需通过网络即可随时随地获取到图书馆的资源，无须亲自前往图书馆。

其次，数字化技术提高了资源的利用率。在传统的借阅方式下，由于受借阅期限和图书馆开放时间的限制，读者往往无法充分了解和利用文献资源。而数字化技术使得读者可以随时查阅文献资源，从而提高了资源的利用率。同时，数字化技术节省了读者的时间和精力，读者无须亲自前往图书馆，可以在家中或办公室里通过网络即可获取文献资源，省去了路程和等待时间，更加高效便捷。

最后，数字化技术有助于图书馆的现代化管理。通过数字化技术，图书馆可以将各种文献资源进行统一管理，实现自动化和智能化管理。这不仅可以提高图书馆的管理效率，还可以为读者提供更加优质的服务。

（2）方便快捷

数字化服务能够为读者提供更加方便快捷的服务。读者可以通过网络随时随地获取图书馆的资源，无须亲自前往图书馆。同时，数字化服务提供了更加丰富的阅读方式，读者可以通过电子书、音频、视频等多种方式进行阅读，使得阅读更加方便快捷。

数字化服务在当今社会中扮演着越来越重要的角色，它能够为读者提供更加方便快捷的服务。通过先进的网络技术，读者可以随时随地获取图书馆的资源，无须亲自前往图书馆，这无疑为他们的生活和工作带来了极大的便利。同时，数字化服务提供了更加丰富的阅读方式，读者可以通过电子书、音频、视频等多种方式进行阅读，使得阅读更加生动有趣，满足了不同读者的需求。此外，数字化服务具有高效、环保等优点，它能够快速地提供各种资源，读者可以随时随地获取所需信息，使学习和研究更加高效；减少了纸张等物质资源的消耗，对环保事业有着积极的推动作用。

数字化服务是未来图书馆发展的必然趋势，它不仅能够为读者提供更加方便快捷的服务，还具有高效、环保等优点。因此，应该积极推广数字化服务，为读者提供更加优质的服务。

(3)提高效率

数字化服务对于提高图书馆的工作效率具有显著意义。在当前的数字化时代,图书馆已经可以通过先进的自动化系统实现图书的借阅和管理。这种方式不仅极大地减少了人工操作的成本和时间,还提高了图书馆工作人员的工作效率。此外,数字化服务有助于提高图书馆的资源利用率,使资源得到更加合理的分配和利用。具体而言,数字化服务通过以下方式提高图书馆的工作效率:首先,自动化系统可以快速、准确地处理图书的借阅和归还,避免了传统人工操作中的误差和烦琐流程;其次,数字化服务使图书馆可以更加方便地进行图书管理,如更新图书信息、统计借阅情况等,从而提高了图书馆的管理效率。最后,数字化服务为读者提供了更加便捷的借阅体验,读者可以通过自助借阅终端或在线平台进行操作,无须亲自前往图书馆,从而节省了读者的时间和精力。数字化服务还可以提高图书馆的资源利用率。传统的图书馆借阅方式,读者需要亲自前往图书馆并按照规定的时间和方式进行借阅,而数字化服务使得读者可以在任何时间、任何地点进行借阅,从而提高了资源的利用效率。同时,数字化服务可以通过数据分析来优化资源的分配和利用,为读者提供更加个性化的服务。

(4)保护资源

数字化服务对保护图书馆的珍贵文献资源至关重要。一些稀有文献由于经常被借阅或展示,或者保存条件不佳,很容易受到损坏或遗失。为了避免这些不可估量的损失,数字化服务应运而生。数字化服务能够将这些珍贵的文献资源进行数字化处理,并上传到网络,使这些资源得到更全面、更有效的保护。通过数字化服务,图书馆可以将珍贵的文献资源转化为电子文档,不仅方便了读者的查阅和借阅,还能避免因频繁使用或保存不当导致的文献损坏或遗失。此外,数字化服务能提高文献资源的可复制性和可传播性,能使更多人欣赏和学习这些宝贵的文化遗产。

不仅如此,数字化服务还能促进图书馆的现代化管理。通过数字化处理,图书馆可以建立完整的电子档案系统,方便对文献资源进行分类、编目和管理。这不仅能够提高图书馆的工作效率，还能为读者提供更便捷、更具个性化的服务。

（三）图书馆在智慧城市中的新角色

1. 提供智慧阅读服务

在智慧城市的宏大画卷中，图书馆以其特有的文化、教育和科技属性，扮演着日益重要的角色。它们不仅是静态的书籍收藏和借阅场所，还转变为活跃的智慧阅读服务提供者，为城市居民带来丰富、多元、便捷的阅读体验。具体表现在以下几个方面。

（1）智能化的阅读空间

图书馆不再是那种传统的、庄严的、高高在上的建筑物，而是变得更加亲民，更贴近市民的生活。通过数字化手段，图书馆能够将阅读服务延伸至城市的每一个角落，让每个人都能享受到阅读的乐趣。这种转变使市民阅读更加便捷，图书馆已经成为市民生活中不可或缺的一部分。

第一，线上借阅系统。通过建立一套全面而高效的线上借阅系统，市民可以轻松地浏览和借阅各种图书，不再受传统图书馆的限制。这个系统以其简洁的界面和便捷的操作，让读者随时随地享受阅读的乐趣。不仅能够提供海量的图书资源，还可以根据用户的阅读喜好和借阅历史，智能推荐适合的书籍，从而满足读者的个性化需求。这种智能化的推荐方式，不仅能提高读者的阅读满意度，还能帮助他们更好地发现和探索新的书籍。

第二，移动图书馆。配备有满载各类图书的车（移动图书馆），这些车辆定期停靠在社区、学校、公共场所等地方，为市民提供便捷的取书和还书服务。这种创新的阅读服务模式将阅读深入市民的生活，每个人都能轻松享受阅读的乐趣。通过移动图书馆，市民可以随时借阅自己感兴趣的书籍，不受时间和地点的限制，从而促进了阅读的普及和文化的传播。移动图书馆为市民提供了方便的借阅服务，成为推广阅读的重要平台。在移动图书馆，市民可以了解到新书信息、阅读推荐、文化活动等，甚至还可以参加一些阅读分享会和讲座活动。移动图书馆还与社区、学校等合作，开展阅读推广活动，鼓励市民积极参与阅读，提高自身文化素养。

移动图书馆的出现使市民不再需要花费大量的时间和精力去图书馆借书或购买书籍。他们只需要到移动图书馆，就可以轻松借阅到自己想要的书籍。这种服务模式不仅方便了市民，还促进了图书资源的共享和利用。同时，移动图书馆还为一些特殊群体提供了阅读服务，如老年人、残障人士等，体现了社会关爱和人文关怀。

移动图书馆是一种创新的服务模式，将阅读服务深入市民生活，为市民提供了便捷、多样的阅读选择。它促进了阅读的普及和文化的传播，是推广阅读的重要平台。通过与社区、学校等合作，移动图书馆将继续为市民提供优质的阅读服务，推动城市文化的发展。

（2）个性化的阅读服务

图书馆利用大数据和人工智能技术，对用户的阅读行为和喜好进行深入分析，以提供更加精准的个性化阅读推荐服务。通过收集用户的借阅记录、搜索历史、阅读时长等数据，图书馆能够总结用户的阅读偏好、兴趣和习惯，从而为他们提供更加贴心、个性化的阅读推荐。这种智能化的推荐服务不仅提高了图书馆资源的利用率，还满足了用户个性化的阅读需求。同时，图书馆能够通过数据分析，了解不同用户群体的阅读需求和趋势，为未来的图书采购、资源整合等提供科学依据。在人工智能技术的支持下，图书馆的智能化推荐服务还能够不断优化和升级，以更好地满足读者的需求。例如，通过自然语言处理技术，图书馆能够自动对图书进行分类和设置标签，方便用户进行搜索和筛选；通过机器学习技术，图书馆能够不断优化推荐算法，提高推荐的准确度和满意度。

第一，阅读推荐。图书馆的阅读推荐服务是根据用户的阅读历史、浏览记录和借阅习惯，深入分析用户的阅读兴趣和偏好，为其推荐适合的书籍和阅读材料。这种个性化的推荐服务能够满足用户多样化的阅读需求，帮助他们找到更多符合自己兴趣感的书籍，提升阅读体验感和满意度。通过了解用户的阅读历史，图书馆可以分析出用户的阅读兴趣和偏好，如文学、历史、哲学等。根据用户的浏览记录，图书馆可以了解用户对某一类书籍的感兴趣程度，以及用户对某一类书籍的借阅习惯。通过这些数据，图书馆可以为用户推荐他们可能感兴趣的书籍，或者根据他们的借阅习惯推荐类似的作品。阅读推荐服务不仅可以帮助用户找到自己感兴趣的书籍，还可以提高图书馆的利用率。当用户发现图书馆推荐的书籍符合自己的兴趣和需求时，他们更有可能去借阅这些书籍，从而增加图书馆的借阅量和利用率。同时，用户也会对图书馆的推荐服务感到满意，因为他们能够找到更多自己感兴趣的书籍，提升阅读体验感和满意度。

第二，定制化阅读服务。定制化阅读服务是指根据不同群体的需求和特点，为他们提供定制化的阅读服务和阅读设备，以确保每个人都能享受到阅读的乐趣。对于学生群体，图书馆可以提供适合他们年龄段的书籍和阅读材料，如儿童绘本、漫画、小说等，还可以提供一些辅助阅读工具，如语音朗读、字体缩放、背景音乐等，以帮助他们更好地理解和享受阅读。对于老年人群体，图书馆可以提供一些适合他们阅读的材料，如健康养生、历史传记、新闻报纸等，还可以提供一些辅助阅读工具，如大字体、高对比度、语音朗读等，以帮助他们更好地看清并理解阅读材料。对于残障人士群体，图书馆可以提供一些适合他们阅读的材料，如励志故事、自助书籍、技能培训等，还可以提供一些辅助阅读工具，如语音控制、电子书刊、盲文设备等，以帮助他们更好地享受阅读的乐趣。通过定制化的阅读服务和阅读设备，每个人都能享受阅读的乐趣，同时提高他们的阅读体验和阅读质量。这不仅有助于丰富人们的精神生活，还可以提高人们的文化素养和知识水平。

（3）互动式的阅读体验

图书馆积极倡导市民参与阅读，为了提供更加吸引人的阅读体验，引入互动式的阅读。这种互动式阅读不仅能够让市民更深入地理解书籍内容，还能够增加阅读的趣味性，激发市民的阅读兴趣。此外，图书馆通过举办各种阅读活动、讲座和成立读书俱乐部等方式，为市民提供更多参与阅读的机会。

这些活动不仅有助于提高市民的阅读技能和知识水平，还能够促进市民之间的交流和互动。

第一，阅读分享平台。一个创新的线上阅读分享平台，旨在为市民提供一个充满活力和便于互动的阅读社区。在这个平台上，用户可以自由地分享自己的阅读心得、评论和评价，与他人交流阅读体验，也可以发掘和了解更多优秀的阅读资源。这个平台不仅提供了丰富的阅读资源，还鼓励用户发表自己的观点和看法，从而促进阅读文化的普及和发展。通过这个阅读分享平台，市民可以更好地发现和分享阅读的乐趣，也可以拓展自己的阅读视野和知识面。

第二，阅读活动。开展阅读活动是一项极其有益的举措，它不仅可以帮助市民提高阅读水平，还能够促进文化交流和人际互动。定期举办各类阅读活动，如读书会、讲座、作家见面会等，可以为市民提供一个与作者、读者互动的平台。在这个平台上，市民可以分享自己的阅读心得、交流阅读经验，甚至可以向作者提问，了解更多关于作品背后的故事。这样的互动不仅可以激发市民的阅读热情，还可以帮助他们更好地理解和欣赏文学作品。同时，阅读活动可以促进文化传播和社区建设，为城市的文化发展和社会进步做出积极的贡献。

（4）科技化的阅读辅助

图书馆借助先进的科技手段，为市民提供了便捷、高效的阅读辅助服务。这种服务不仅让阅读变得更加方便，还为市民提供了更多的学习机会和知识获取的途径。通过科技手段的运用，图书馆能够更好地满足市民的阅读需求，提高阅读效率，提供更好的学习体验。这种服务充分体现了图书馆与时俱进的精神，也展现了其对市民文化生活的重视和支持。

第一，无障碍阅读技术。无障碍阅读是一项非常重要的技术，它通过语音识别、文字转换等技术，残障人士能够方便地获取阅读资源，从而实现平等阅读。这种技术不仅可以帮助残障人士更好地获取信息，还可以提高阅读效率，增强阅读体验。在当今社会，随着人口老龄化和残障人士数量的不断增加，无障碍阅读技术的重要性也日益凸显。这种技术可以让更多的人享受到阅读的乐趣，提高全民文化素质。

第二，智能辅助阅读设备。智能辅助阅读设备在当今社会扮演着越来越重要的角色，特别是对那些存在视力障碍或年龄较大的群体来说。这些设备能够通过先进的科技，让用户更轻松地阅读文本，提高阅读效率，同时减少眼睛疲劳和不适。其中，电子放大镜是智能辅助阅读设备的一种常见类型，它能够将文本或图像放大，使用户看到细节。这对老年人或存在视力障碍的人来说非常有帮助。通过电子放大镜，他们可以更轻松地阅读报纸、书籍、杂志，或者在计算机或移动设备上查看网页或电子书。另一种常见的智能辅助阅读设备是语音朗读器。这种设备能够将文本转化为语音，然后朗读出来。这对那些存在视力障碍或无法自己阅读的人来说非常有用。他们可以通过语音朗读器听到文本的内容，而不需要其他人或机器的帮助。这不仅能够增强他们的阅读体验，还能够帮助他们更好地理解和记忆所阅读的内容。

除了电子放大镜和语音朗读器，其他类型的智能辅助阅读设备也在不断发展。例如，有些设备能够将印刷品或电子书转化为数字格式，然后在计算机或移动设备上查看。这对那些无法方便地获取印刷版书籍或报纸的人来说非常有用。另外，还有一些设备具备提供背景光或自动调整亮度的功能，以帮助用户在各种光线条件下进行阅读。智能辅助阅读设备的出现为老年人或存在视力障碍的人提供了更好的阅读体验。这些设备通过先进的科技，帮助他们更清晰地看到文本或图像，或者听到文本的内容，从而更轻松地阅读和理解所接触的信息。随着技术的不断发展，期待更多创新和更高效的智能辅助阅读设备的出现，以满足不同人群的需求。

2. 实现个性化推荐

在智慧城市中，图书馆正扮演着越来越重要的角色。在这个信息爆炸的时代，人们需要一种高效、个性化的方式来获取和筛选信息。图书馆以其丰富的资源、专业的服务和深入社区的能力，为城市居民提供了这样的平台。

首先，图书馆可以利用其丰富的资源进行个性化推荐。每个图书馆都有大量的书籍、期刊、报纸等纸质或电子资源，这些资源涵盖了各种主题和领域,如文学、历史、科学、艺术等。这些资源不仅数量庞大,而且也得到了严格的筛选和评估,可以保证用户获得高质量的信息和知识。通过分析用户的浏览历史、借阅记录和个人兴趣,图书馆可以为用户推荐他们可能感兴趣的书籍、文章或研究领域。这种个性化推荐服务可以帮助用户更好地发现和获取他们感兴趣的信息和知识,提高他们的学习效率和工作效果。同时,图书馆也可以通过这种服务更好地满足用户的需求,提高用户满意度,增强用户忠诚度。

其次,图书馆可以借助先进的技术实现个性化推荐。通过与人工智能和大数据技术的紧密结合,图书馆可以深度分析用户的在线行为和阅读习惯,从而根据每个人的偏好和兴趣提供精准的推荐。这种个性化推荐服务不仅提高了用户的阅读满意度,还使图书馆更精准地满足了用户的需求。在实施过程中,图书馆可以利用人工智能技术对大数据进行深度挖掘和分析。这些数据可以包括用户的借阅历史、搜索记录、阅读时长等,从而形成用户画像。通过这种方式,图书馆可以准确地了解用户的阅读偏好和需求,进而为他们提供更为精准的个性化推荐。除了提高阅读满意度和满足用户需求,个性化推荐还有助于提高图书馆的运营效率。通过精准推荐,图书馆可以减少用户寻找合适书籍的时间和精力,他们能在更短的时间内找到自己感兴趣的书籍。这不仅能够节省用户的时间和精力,还能够提高图书馆的资源利用率和服务水平。

再次,图书馆可以通过社区活动实现个性化推荐。在这个智慧城市中,图书馆不再是一个简单的信息聚集地,它更是一个充满活力和吸引力的社区聚集地。通过精心策划和举办各种社区活动,如引人入胜的讲座、充满学术气息的研讨会和温馨的阅读俱乐部,图书馆成功地吸引了广大用户积极参与。这些活动为用户提供了一个互相交流、互动和分享的平台,有效地促进了用户之间的知识和经验共享。这些社区活动的举办,不仅成功地增加了用户对图书馆的黏性,使图书馆成为他们学习和社交的重要场所,还帮助用户发现了新的兴趣爱好和研究领域。在讲座中,用户可以了解到最新的学术动态和研究成果；在研讨会上，用户可以深入探讨某一领域的专业话题，与专家学者进行面对面的交流；在阅读俱乐部中，用户既可以分享自己的阅读心得和感悟，也可以从他人的分享中获得新的阅读灵感。

通过这些社区活动，图书馆不仅提高了自身的服务质量、增强了影响力，还进一步推动了城市的文化发展和学术繁荣。用户在图书馆不仅可以获取到丰富的知识资源，还可以结交志同道合的朋友，拓展自己的人脉。这无疑为他们在学习、工作和生活提供了更多的机会和可能。

最后，图书馆与学校的合作是一项非常明智的举措，因为学校是培养未来人才的重要基地，而图书馆则是学生获取知识的主要渠道之一。通过这种合作，图书馆可以为学生提供更加个性化的学习资源和研究建议，从而帮助他们更好地掌握知识和技能。这种合作方式也有助于提高学生的学习效率，让他们更加高效地获取所需的知识和信息。

图书馆与学校的合作还可以帮助学生更好地适应未来的职业生涯。在未来的职业生涯中，学生需要具备更多的创新思维和解决问题的能力，而图书馆可以通过提供相关的资源和建议培养学生的这些能力。通过与学校合作，图书馆可以更好地了解学生的需求和特点，为他们提供更加精准和实用的资源和建议。此外，图书馆可以通过与学校的合作，为学生提供更多的实践机会和项目，帮助他们更好地掌握实际工作中所需的各种技能和知识。这些都有助于学生更好地适应未来的职业生涯，提高他们的就业竞争力和职业发展潜力。除了以上提到的合作领域，图书馆与学校还有其他方面的合作空间。例如，图书馆可以与学校合作，共同开展一些文化活动和教育项目，为学生带来更加丰富多彩的学习体验。同时，图书馆还可以为学校提供一些技术支持和服务，帮助学校更好地管理和维护教学设施和资源。

图书馆与学校的合作是一种双赢，其不仅可以提高学校的教学质量，增强学生的学习体验，还可以帮助图书馆更好地发挥其社会功能，为读者提供更加全面、精准、个性化的服务。同时，这种合作可以为学生提供更多的实践机会和项目，帮助他们更好地适应未来的职业生涯。

3. 增强城市文化影响力

在今天的数字化时代，图书馆的服务内容已经远远超出了传统意义上的借阅和学习的范畴。特别是在智慧城市的建设中，图书馆的角色正在发生深刻的变化，它们以全新的方式融入城市生活，增强城市的文化影响力。

首先，图书馆作为人类社会知识与信息的海洋，是城市创新与发展的核心支柱。这个充满智慧与灵感的场所，不仅启迪着每一个寻求知识与真理的心灵，更在无形中引领着城市迈向新的高度。在智慧城市的建设浪潮中，图书馆不再是一个静谧的读书圣地，而是一个集学习、创新、发现于一体的综合性平台。图书馆丰富多样的书籍、期刊及数字化资源汇集成了一个庞大的知识宝库，为每一位来访者提供他们所需的养分。无论是专业的学者，还是普通的市民，都可以在这里找到自己的学习天地。同时，图书馆还为市民创设了一个温馨、舒适的学习环境，让他们尽享阅读的乐趣，培养自己的兴趣爱好，提升个人的综合素质。正是这样一种持续的学习与提升，为城市的创新与发展注入了源源不断的动力。市民通过在图书馆的学习，不断开拓思路，产生新的想法和观点，为城市的创新与发展贡献自己的力量。同时，图书馆作为一个文化和知识的交流平台，促进了不同领域、不同背景用户之间的互动与合作，推动城市的繁荣与进步。图书馆作为智慧城市的重要组成部分，不仅为市民提供了丰富的知识资源和舒适的学习环境，更在促进城市的创新与发展中发挥着重要作用。正是这种对于知识与学习的重视，使图书馆成为城市创新与发展的强大引擎。

其次，图书馆正逐渐成为社区活动中不可或缺的一部分。它们不仅是市民寻求知识和文化的场所，如今，它们已经转变成了社区的"第三空间"。这个空间为市民提供了一个聚集地，他们参与各种丰富多彩的活动，包括阅读俱乐部、写作工作坊、讲座、研讨会等，为社区居民提供了一个相互交流、学习、分享的平台。

在这个"第三空间"，市民不仅能够获取信息，还能够与他人建立联系，形成更紧密的社区关系。这些活动为社区居民提供了一个共同的目标和兴趣爱好，让他们更加了解彼此，增进友谊。同时，这些活动有助于营造城市的文化氛围，让城市变得更加有活力和吸引力。图书馆正发挥着越来越重要的作用，成为社区居民生活中不可或缺的一部分。在这个数字化时代，图书馆不仅是一个传统的信息中心，更是一个促进社区交流和文化发展的关键场所。

再次，图书馆通过其提供的数字化服务，帮助市民更好地适应这个日益数字化的时代。在智慧城市中，图书馆不仅提供了传统的书籍和期刊，还提供了各种数字资源和服务，如电子书、在线数据库以及数字化档案等。这些服务能使市民以更加便捷的方式获取所需的信息。同时，这些数字化服务为城市的文化遗产保护和传承提供了新的可能性。图书馆的数字化服务不仅能让市民随时随地获取知识，还为他们的学习、研究和娱乐提供了极大的便利。通过电子书和在线数据库，市民可以轻松地查找和获取各种学术资料和文学作品。数字化档案则使历史和文化遗产的保存和传承变得更加容易和可靠。这不仅能够保护城市的文化遗产，还为后代提供了一个更加丰富的文化资源库。此外，图书馆的数字化服务能够促进市民之间的交流和互动。通过在线社交平台和论坛，市民可以与他人分享自己的知识和经验，展开讨论和交流。这不仅能够增强市民之间的联系和互动，还能够促进知识的传播和共享。图书馆通过数字化服务，为市民提供了更加便捷、丰富和多样化的服务体验。这不仅能够提高市民的文化素养和生活品质，还为城市的数字化发展和文化传承做出了积极的贡献。

最后，图书馆通过与各种机构和企业的合作，促动了城市的可持续发展。在智慧城市建设中，图书馆通过与政府、教育机构、企业和非营利组织的合作，共同促动了城市的可持续发展。例如，图书馆可以提供培训和教育资源，帮助市民提高技能和知识水平，增强他们在劳动力市场的竞争力。

（四）图书馆数字化服务对智慧城市建设的影响

1. 提高城市居民的文化素质

图书馆数字化服务对于提高城市居民的文化素质具有深远的影响。在信息时代，数字化图书馆成为文化知识的宝库，为城市居民提供了丰富的阅读资源和学习平台。通过图书馆的数字化服务，城市居民能够更加便捷地获取所需的知识和信息，从而促进个人文化素质的提升。

（1）扩大阅读资源

数字化图书馆收藏了数量庞大的书籍、杂志、报纸等文献资源，涵盖人文、科技、社科、艺术等各个领域。这些资源不仅数量庞大，而且质量上乘，它们来自世界各地的知名出版社和权威机构，能使城市居民接触到最前沿、最权威的知识。城市居民可以通过图书馆的数字化平台，随时随地、方便快捷地阅读这些资源。无论是在家里、办公室，还是在公共交通工具上，只要连接互联网，就可以轻松访问数字化图书馆，获取所需的知识和信息。这种便捷性是传统图书馆无法比拟的，城市居民能够更加高效地利用时间，提高学习效率。通过阅读数字化图书馆的资源，城市居民可以拓宽视野，了解不同领域的知识和文化。这种跨学科的学习方式能够激发他们的学习兴趣和创新思维，有助于提高个人素质和知识水平。同时，数字化图书馆为城市居民提供了一个良好的学习平台，能让他们更加方便地进行自我学习和提升。

（2）提升自主学习能力

数字化图书馆是一项现代化的公共服务设施，它为城市居民提供了便捷、高效的自主学习的机会。通过图书馆的数字化服务，居民可以自由地选择自己感兴趣的学习内容，无论是知识科普、技能培训还是文化娱乐，都能根据自己的需求和兴趣进行个性化学习。这种自主学习的方式不仅有助于培养居民独立思考和解决问题的能力，还能提高个人的综合素质，增强城市居民的自我发展能力和竞争力。数字化图书馆的自主学习方式具有很多优点。首先，它打破了时间和空间的限制，让居民可以随时随地学习，无论是在家里、办公室还是公共场所，都能利用数字化图书馆的资源进行自我提升。其次，数字化图书馆提供了丰富多样的学习资源，涵盖各个领域的知识和技能，让居民可以根据自己的兴趣和需求进行选择。最后，数字化图书馆的自主学习方式具有高效、便捷的特点，居民可以通过数字化服务快速地查找和获取所需的资料和信息，节省了大量的时间和精力。

在数字化图书馆的自主学习过程中，居民可以根据自己的学习进度和需求自由地安排学习计划和时间。这种个性化的学习方式有助于增强学习效果，激发学习兴趣，使学习更加轻松愉快。同时，数字化图书馆提供了在线学习平台和社区交流功能，居民可以在学习过程中与他人交流、分享经验，互相帮助，共同进步。这种合作学习的方式也有助于提高个人的综合素质和团队协作能力。

（3）提升信息素养

图书馆的数字化服务不仅提供了丰富的信息资源，还为城市居民带来了诸多便利。通过先进的数字化技术，图书馆能够将传统纸质书籍转化为电子文档，从而让居民随时随地访问各种类型的资源。此外，图书馆的数字化服务能够帮助城市居民提升信息素养。居民可以通过学习如何利用数字化图书馆的检索工具、参考工具等资源，更好地获取、评估和使用信息。这些工具不仅能够帮助居民快速找到所需信息，还能够提高他们的信息处理效率。这些优势都表明图书馆的数字化服务是一种非常有价值的服务，对于城市居民来说是非常重要的。

（4）增强文化鉴赏能力

位于城市的数字化图书馆收藏了大量珍贵的文化遗产和艺术作品，这些作品来自世界各地，代表着不同国家和民族的文化精髓。这些文化遗产和艺术作品被精心挑选，收藏在数字化图书馆中，帮助居民更好地欣赏和了解不同文化的魅力和内涵。数字化图书馆不仅是一个收藏各种文化瑰宝的场所，更是一个灵感的源泉，为城市居民提供了丰富的文化资源。通过阅读这些经典作品，居民可以深入挖掘各种文化的深层含义和精神价值。这些经典作品不仅具有艺术价值，更是人类智慧的结晶，对于提高个人的文化鉴赏能力和拓展视野具有重要作用。在数字化图书馆的陪伴下，城市居民可以尽情地探索和发现各种文化的独特魅力。这里提供了大量的文化遗产和艺术作品，创设了一个良好的学习环境，居民可以在欣赏艺术作品的同时，深入了解各种文化的历史背景、社会意义和哲学内涵。这样的机会无疑对于提高个人的文化素养和审美水平具有极大的帮助。

城市的数字化图书馆以其丰富的文化资源和良好的学习环境，为城市居民提供了一个了解和欣赏不同文化的平台。通过阅读和欣赏这些经典作品，居民可以深入了解各种文化的内涵和精神价值，进而提高自己的文化鉴赏能力。城市居民可以在艺术的海洋中畅游，感受文化的魅力，提升自己的文化素养和审美水平。

（5）促进知识交流与共享

数字化图书馆是一个现代化的知识宝库，为城市居民提供了一个便捷且高效的知识交流和分享平台。在这个平台，居民可以全新的方式参与线上讨论，分享自己的见解和经验，与他人进行思想碰撞和知识交融。这种知识共享和交流的方式有助于激发创新思维，拓宽视野，提升个人和整个城市的文化素质。

通过数字化图书馆的在线讨论功能，居民可以轻松地参与各种主题的讨论，与志同道合的人进行深入交流。这种互动不仅有助于居民获取新知识，还可以促进不同背景、不同年龄层用户之间的交流和理解。这种跨领域的交流和分享，有助于产生新的观点和创意，为城市的发展注入新的活力。数字化图书馆的线上知识交流平台打破了时间和空间的限制，居民可以随时随地参与各种主题的讨论。这种便捷性不仅可以让居民更加自由地分享自己的见解和经验，还可以让更多的人了解他人的智慧和成果。这种知识的共享和交流，有助于提升整个城市的文化素质和创新力。另外，数字化图书馆的线上平台可以通过数据分析和用户反馈等功能，不断优化和提升服务质量。通过了解用户的需求和反馈，图书馆可以有针对性地提供更加符合用户需求的知识内容和交流活动。这种个性化的服务模式有助于提高居民的参与度和满意度，进一步推动城市文化的发展和繁荣。

图书馆数字化服务对于提高城市居民的文化素质具有积极的作用。通过丰富阅读资源、提升自主学习能力、提升信息素养、增强文化鉴赏能力和促进知识交流与共享，城市居民可以更好地获取知识、提升自身综合素质，并在不断的学习和交流中个人和整个城市的文化发展。

2. 推动智慧城市的全面发展

图书馆数字化服务在推动智慧城市的全面发展中扮演着至关重要的角色。随着科技的飞速发展和信息时代的到来，图书馆作为城市的知识中心和信息中心，其传统服务模式已经无法满足人们日益增长的需求。因此，数字化服务成为图书馆创新发展的必然趋势，在推动智慧城市的全面发展中的重要性不言而喻。

首先，图书馆数字化服务能够提高城市居民的生活质量。通过提供数字化服务，图书馆可以将海量的书籍、期刊、报纸等传统文献资源转化为数字资源，使居民更加便捷地获取所需信息。无论是查找资料、学习知识，还是了解最新的科技动态、文化动态，图书馆数字化服务都能满足居民的需求，不再受时间和地点的限制。

其次，图书馆数字化服务是推动城市创新发展的重要力量。在智慧城市建设中，创新是发展的核心动力。图书馆作为城市的知识库和信息库，其数字化服务能够促进知识的传播和创新思维的形成。通过数字化服务，图书馆可以吸引更多的创新人才，为城市的科技创新和文化创新提供有力的支持。

再次，图书馆数字化服务能够促进城市的社会进步。在数字化服务的推动下，图书馆可以更好地履行其社会职能，为城市的社会发展提供支持。例如：通过开展数字化教育，图书馆可以帮助城市居民提高信息素养和综合素质；通过提供数字化文化服务，图书馆可以促进城市文化的传承和发展。

最后，图书馆数字化服务是实现城市可持续发展的重要途径。在智慧城市建设中，可持续发展是关键目标之一。图书馆可以通过数字化服务，促进资源的节约和环境的保护。例如，通过开展数字化借阅服务，减少纸质书籍的借阅量，从而减少纸张的消耗和人类对森林的砍伐；通过提供在线学习资源，减少出行对交通的压力和对环境的影响。

图书馆数字化服务在推动智慧城市的全面发展中具有不可替代的作用。

通过提高城市居民的生活质量、推动城市的创新发展、促进城市的社会进步及实现城市的可持续发展，图书馆数字化服务为智慧城市建设提供了强大的支持。在未来，随着科技的进步和社会的发展，图书馆数字化服务将在更多领域、更高层次发挥作用，为智慧城市的全面发展贡献力量。

3.增强城市的国际竞争力

图书馆数字化服务在增强城市的国际竞争力方面发挥着重要作用。通过便捷、高效、精准的数字化服务，图书馆能够促进城市在信息时代的创新与发展，主要表现在以下几个方面。

（1）提升信息获取效率

在当前的数字化时代，图书馆扮演着至关重要的角色。它们通过提供高效的信息检索和获取服务，帮助用户快速地找到并获取所需的信息。这种服务对企业和科研机构在全球化的大背景下保持竞争力具有至关重要的作用。图书馆不仅是一个信息的存储地，更是知识的海洋和思想的熔炉。它们通过专业的信息组织和处理，将纷繁复杂的信息资源进行有序化、系统化的整理，使用户更加方便、快捷地获取所需信息。同时，图书馆提供了丰富的学术资源和多样化的学习工具，为科研人员、学者和学生提供了广阔的学术交流和学习的平台。对企业和科研机构而言，图书馆的信息检索和获取服务是他们在全球化环境中保持竞争力的关键因素之一。随着科技的飞速发展和全球化的推进，企业和科研机构需要快速、准确地获取各种信息资源，以便及时了解行业动态、掌握核心技术、开展市场竞争。图书馆通过高效的信息检索和获取服务，能使用户快速获取所需信息，从而帮助企业和科研机构在激烈的市场竞争中保持领先地位。此外，图书馆通过与各类专业机构和学者的合作，不断优化信息检索和获取服务的质量和效率。图书馆利用先进的信息技术和算法，对海量的信息资源进行深度分析和挖掘，从而使用户更加精准地获取所需信息。同时，图书馆通过开展各种培训和指导活动，提高用户的信息素养和检索技能，使他们更加熟练地利用图书馆的资源和服务。

图书馆在数字化进程中扮演着重要的角色。通过提供高效的信息检索和获取服务，图书馆可以帮助用户快速获取所需信息，从而为个人和企业的发展提供强有力的支持。这种服务对企业和科研机构在全球化环境中保持竞争力至关重要，同时也是推动社会进步和发展的重要力量之一。

（2）增强创新能力

图书馆的数字化服务不仅为用户提供了丰富的信息资源，而且通过数据挖掘、信息分析等技术手段，深入挖掘各种信息，帮助用户发现新的知识。这些技术手段的应用，使图书馆的数字化服务在信息时代显得尤为重要。具体来说，图书馆的数字化服务不仅提供了海量的书籍、期刊、论文等资源，而且通过数据挖掘技术，从这些资源中挖掘出有价值的信息和知识。这些信息和知识可能涉及各个领域，包括科技、文化、历史、经济等，对于城市的发展和创新具有重要意义。此外，图书馆的数字化服务还通过信息分析技术，对用户的需求和行为进行分析，从而提供更加个性化的服务和推荐。这种服务模式有助于提高用户的满意度和黏性，进而促进城市的科技创新和产业升级。

（3）促进知识交流与共享

图书馆作为城市中不可或缺的知识交流中心，一直在扮演着为市民提供精神食粮的角色。它不仅是一个借阅图书的地方，更是一个促进知识传播、学术交流、文化传承的重要场所。在数字化服务的推动下，图书馆已经实现了从传统模式到现代模式的转变，成为推动知识共享和交流的枢纽。其重要性不言而喻。在信息时代，知识就是力量，而共享知识是力量的倍增器。图书馆通过数字化服务，使不同群体之间可以更加便捷地进行知识共享和交流，打破了时间和空间的限制，让知识的传播更加迅速和广泛。对城市的发展来说，知识共享具有非常重要的作用。首先，它可以减少信息不对称，让城市中的每一个市民获得平等的知识资源，避免因为缺乏信息而导致的机会不平等。其次，知识共享可以提高城市的认知水平，让市民更加了解自己所在的城市，从而更好地参与城市的发展。最后，知识共享可以提高城市的竞争力，让城市在激烈的竞争中更具优势。图书馆作为知识共享的重要平台，应该得到更多的关注和支持。政府应该加大对图书馆的投入力度，提高图书馆的硬件设施和服务水平；社会各界应该积极参与图书馆的建设和运营，共同推动知识共享事业的发展。只有这样，才能让图书馆真正发挥其应有的作用，为城市的繁荣和发展做出更大的贡献。

（4）优化资源配置

图书馆的数字化服务在城市资源配置中扮演着至关重要的角色。这种服务能够帮助城市更好地分配资源，包括人才、技术、资金等，从而提高城市的整体竞争力。通过提供全球化的信息平台，图书馆能够帮助企业和机构了解最新的市场动态和趋势，为企业决策提供有力支持。图书馆数字化服务的优势在于其能够利用现代技术，将海量的信息进行数字化处理，从而方便用户进行查询和获取。这种服务能够大大提高信息获取的效率，减少企业和机构在获取信息上所需的时间和成本。同时，图书馆数字化服务能够提供更为精准的信息推送服务，根据用户的需求和偏好，为用户提供更个性化的信息服务。在城市资源配置方面，图书馆数字化服务能够通过提供全球化的信息平台，帮助企业和机构更好地了解市场动态和趋势。这种服务能够让企业和机构及时获取最新的市场信息，从而更好地把握市场机遇，提高资源的配置效率。同时，图书馆数字化服务能够为企业和机构提供更为精准的决策支持，帮助他们制定更为合理的发展战略和经营计划。

（5）提升城市形象

图书馆作为一座城市不可或缺的文化地标，其数字化服务在很大程度上展示了该城市在信息技术领域的卓越进步和发展。这种进步和发展不仅体现在图书馆的硬件设施上，更体现在其提供的丰富多样的数字化服务上。图书馆的数字化服务为读者提供了更加便捷、高效、个性化的阅读体验，读者能够随时随地获取所需的信息和知识。图书馆的数字化服务在提升城市的形象和声誉方面发挥着重要作用。随着信息技术的不断发展，居民对图书馆的需求也在不断变化，图书馆必须适应这种变化，为读者提供更加优质的服务。通过数字化服务，图书馆能够更好地满足读者的需求，为读者提供更加丰富、多样化的阅读资源和服务。这种服务不仅能够吸引更多的读者，还能够提升城市的形象和声誉，吸引更多的投资和人才。图书馆的数字化服务还能够促进城市的文化交流和发展。通过数字化服务能够满足读者的阅读需求，还能促进城市的文化交流和发展，为城市的文化建设做出贡献。

二、图书馆在社区建设中的使命

（一）图书馆在社区建设中的使命概述

1. 图书馆作为社区的文化中心，承担着传承和弘扬文化的使命

图书馆作为社区的文化中心，承担着保存和传承文化的重任。它们不仅提供了丰富的书籍和资料，还举办了各种文化活动，如讲座、展览、读书会等，以展示和传播文化知识。此外，图书馆通过开展阅读推广和教育活动，培养社区居民的文化素养和阅读习惯，进一步弘扬了文化。

图书馆作为社区的中心，为居民提供了多样化的信息服务。除了传统的借阅服务，图书馆还为居民提供了各种形式的信息服务。例如：一些图书馆提供参考咨询和信息检索服务，帮助居民获取所需的信息；一些图书馆提供文化旅游信息、社会资讯等多样化信息服务，以满足社区居民的不同需求。

图书馆作为社区的文化中心，为居民提供了多样化的学习资源和课程。除了提供各种类型的书籍和资料，图书馆还逐渐拓展了其他学习资源和课程。例如：一些图书馆提供在线课程和学习资源，如电子书籍、讲座视频等，以满足不同年龄段居民的学习需求；一些图书馆与学校和其他教育机构合作，提供拓展课程和活动，帮助社区居民提高技能和知识水平。

2. 图书馆作为学习中心，提供多样化的学习资源和课程

图书馆作为学习中心，为社区居民提供了丰富多样的学习资源和课程。这些资源包括图书、期刊、报纸等纸质和电子资源，涵盖了文学、历史、哲学、经济、法律、艺术等多个领域，可以满足不同年龄、不同职业和不同兴趣爱好社区居民的学习需求。此外，图书馆提供了各种课程，如语言课程、计算机课程、职业培训课程等，帮助社区居民提高技能和知识水平。

图书馆作为学习中心，不仅提供了传统的纸质书籍和期刊，还提供了数字化资源，如电子书、电子期刊、在线课程等，使学习不再受时间和地点的限制。此外，图书馆开展了各种教育活动，如讲座、研讨会、展览等，为社区居民提供了更多的学习机会和交流平台。

图书馆作为学习中心，不仅提供了多样化的学习资源和课程，还为社区居民提供了个性化的学习服务。图书馆工作人员可以根据读者的需求和兴趣，推荐适合的图书和课程，并为读者提供学习指导和帮助。图书馆还为特殊群体提供服务，如为残障人士提供无障碍通道和专用设备，为老年人提供上门服务和志愿者辅导等。

3. 图书馆作为社区的信息中心，提供多样化的信息服务

图书馆作为社区的信息中心，在社区建设中扮演着重要角色。它提供了多样化的信息服务，满足社区居民不同的信息需求。

图书馆作为社区的信息中心，具有信息资源的广泛性和多样性。它收藏了各种类型的文献资料，包括图书、期刊、报纸等纸质和电子资源等，涵盖了政治、经济、文化、科技、教育等多个领域。这些信息资源不仅为社区居民提供了学习和了解知识的途径，也为他们的日常生活和工作提供了便利。

图书馆作为社区的信息中心，具有信息服务的多样性和创新性。它不仅提供传统的借阅服务，还提供数字化信息服务、参考咨询服务、文献传递服务、科技查新服务等。此外，图书馆还通过开展信息素养培训、阅读推广等活动，帮助社区居民提高信息获取和利用的能力。

图书馆作为社区的信息中心，具有很强的社会性和互动性。它不仅是一个信息服务的场所，也是一个社会交流的场所。在这里，社区居民可以相互交流、分享知识、传播文化，营造良好的社区文化氛围。

图书馆作为社区的信息中心，在社区建设中发挥着重要作用。它为用户提供了多样化的信息服务，满足社区居民不同的信息需求，也为社区的文化建设和教育发展做出了贡献。

（二）图书馆在社区建设中的具体使命

1. 图书馆为社区居民提供学习和阅读资源

图书馆作为社区的学习中心，为社区居民提供丰富的阅读和学习资源，既包括各种类型的书籍、期刊、报纸、杂志等传统出版物，也包括电子书籍、网络资源、在线课程等数字化学习资源。这些资源涵盖各个领域，满足了不同年龄段、不同职业和不同文化背景的社区居民的学习需求。

图书馆不仅提供了学习资源，还为社区居民创设了一个良好的学习环境。在这个环境中，居民可以安静地阅读、学习和交流。图书馆还提供了各种学习工具和设备，如计算机、打印机、复印机等，方便居民进行学习和研究。

图书馆不仅是资源的提供者，更是社区学习的推动者和参与者。图书馆通过举办各种学习活动，如讲座、研讨会、展览等，激发社区居民的学习兴趣和热情。同时，图书馆通过与学校、社区组织和其他机构的合作，共同推动社区教育的发展。

2. 图书馆举办各类文化活动，促进社区居民的互动与交流

图书馆举办各类文化活动是社区建设中不可或缺的一部分。这些活动不仅丰富了社区居民的文化生活，还促进了居民之间的互动与交流，增强了社区的凝聚力。在活动中，图书馆不仅是提供场所和资源的服务机构，更是传承和弘扬文化的重要载体。图书馆通过讲座、展览、读书会、文艺演出等形式的活动，将文化知识传递给广大居民。

具体来说，图书馆可以利用自身的资源和场地优势，邀请专家学者、文艺名人等开展讲座和展览活动，让居民领略不同领域知识和艺术的魅力。此外，图书馆还可以组织读书会和文学沙龙等活动，鼓励居民分享自己的阅读心得和感悟，促进交流和思考。图书馆还可以举办各种主题的讨论会和论坛，让居民围绕热门话题展开讨论，增进了解和沟通。

除了传统的活动形式，图书馆还可以不断创新，利用现代科技手段提高活动的趣味性和互动性。例如，图书馆可以利用虚拟现实技术为居民提供沉浸式的阅读体验，或者利用社交媒体平台组织线上互动游戏等。这些创新的活动形式不仅可以吸引更多的居民参与，还能让他们更加深入地了解和体验文化的魅力。

3. 图书馆参与社区的信息咨询和决策制定，为社区发展提供支持

图书馆参与社区的信息咨询和决策制定，为社区发展提供支持，是图书馆在社区建设中的重要使命之一。图书馆作为社区的信息中心，拥有丰富的信息资源，可以为社区居民提供各种信息服务，包括但不限于政策法规、新闻资讯、生活百科、文化教育等。同时，图书馆也可以为社区居民提供各种决策咨询服务，如城市规划、房地产市场分析、投资理财等。

图书馆参与社区的信息咨询和决策制定，不仅可以为社区居民提供各种有用的信息，还可以促进社区居民之间的交流与互动。图书馆可以举办各种信息交流活动，如读书会、讲座、研讨会等，让社区居民分享和交流各种信息，增进彼此之间的了解和信任。此外，图书馆还可以通过提供各种决策咨询服务，帮助社区居民更好地了解和解决各种问题，促进社区的可持续发展。

为了更好地参与社区的信息咨询和决策制定，图书馆需要不断提高自身的专业化和服务水平。首先，图书馆需要不断更新和优化自身的信息资源，确保提供最新、最全面的信息。其次，图书馆需要提高自身的服务水平，包括提高信息检索和获取的效率和质量，以及提高咨询服务的专业性和针对性。最后，图书馆需要加强与社区居民的互动和交流，了解他们的需求和反馈，不断改进和优化自身服务。

（三）图书馆在社区建设中的拓展使命

1. 图书馆拓展数字阅读和远程服务，满足不同群体的需求

图书馆作为社区的文化中心和学习中心，其使命不仅在于提供实体书籍和资料，更在于满足不同年龄、不同职业和不同文化背景的社区居民的多样化需求。随着科技的进步，图书馆的职能也在逐步拓展，其中一项重要的拓展使命就是数字阅读和远程服务。

数字阅读和远程服务是图书馆在社区建设中拓展使命的一部分。随着科技的发展，图书馆已经不仅是一个传统的实体场所，逐渐向数字化和远程服务方向拓展。这种拓展不仅满足了不同群体的需求，还带来了更多的便利和创新。

首先，数字阅读和远程服务可以满足不同群体的需求。对于那些因为身体原因或者其他原因无法到图书馆的读者，数字阅读和远程服务提供了方便的获取信息的途径。对于那些希望在家庭或者工作场所阅读图书馆资源的读者，数字阅读和远程服务也提供了更加灵活的阅读方式。同时，随着社会的发展，读者的需求也在不断变化，数字阅读和远程服务可以随时更新和调整，以满足读者的最新需求。

其次，数字阅读和远程服务可以带来更多的便利性。传统的到馆借阅方式需要读者亲自到图书馆，不仅需要花费时间和精力，还可能因为排队等待等问题浪费时间。而数字阅读和远程服务可以让读者随时随地获取图书馆资源，不受时间和地点的限制，更加便捷和高效。

最后，图书馆拓展数字阅读和远程服务可以带来更多的创新性。通过数字化和远程服务，图书馆可以将更多的资源和信息整合在一起，提供更加全面和丰富的阅读体验。同时，数字化和远程服务可以为图书馆带来更多的数据和信息，帮助图书馆更好地了解读者的需求和行为，从而提供更加精准的服务。

数字阅读和远程服务是图书馆适应新时代的一种创新形式。它通过互联网、移动设备等数字化媒介，将图书馆的资源和服务延伸到读者的家中、工作场所等。这种服务模式不仅可以满足读者的个性化需求，提高阅读的便利性和效率，还能帮助图书馆更好地了解读者的阅读习惯和需求，从而优化服务内容和方式。

在具体实施上，图书馆可以通过建立数字化平台、提供电子书籍和资料、开通在线借阅功能等方式来实现数字阅读和远程服务；同时，可以根据读者的反馈和需求，不断改进和优化服务内容，提高服务质量。除了提供数字阅读和远程服务，图书馆还可以通过其他方式来满足不同群体的需求。例如，针对老年人和儿童等特定群体，可以提供专门的阅读区和资源；针对职业人士和学生等特定群体，可以提供专门的课程和培训等。这些个性化的服务和活动不仅可以吸引更多的读者使用图书馆资源，还能帮助图书馆更好地履行其在社区建设中的职责。

数字阅读和远程服务可以帮助读者更加方便地获取信息资源。通过互联网、移动设备等数字化媒介，读者可以在任何时间、任何地点访问图书馆的电子资源，包括电子书籍、数据库等。这不仅为读者提供了更多的选择和便利，也提高了信息资源的利用率和共享性。

同时，数字阅读和远程服务还可以为图书馆提供更多的数据分析和管理工具。通过对读者使用数字资源和服务的行为数据进行挖掘和分析，图书馆可以更好地了解读者的需求和偏好，从而优化信息资源的内容和呈现方式。这不仅可以提高读者的满意度，增强读者的体验感，还可以帮助图书馆更好地发挥在社区建设中的作用。

数字阅读和远程服务是图书馆在社区建设中拓展使命的重要方向之一。通过提高信息资源的便利性和利用率、优化读者的使用体验、帮助读者更好地获取所需的信息资源等方式，数字阅读和远程服务为社区建设做出了积极的贡献。

2. 图书馆开展阅读推广和教育活动，提高社区居民的文化素质

图书馆开展阅读推广和教育活动是提高社区居民文化素质的重要途径。通过阅读推广，图书馆可以激发社区居民的阅读兴趣，帮助他们养成阅读的习惯，提高他们的阅读能力和文化素养。此外，图书馆可以通过举办各类教育活动，如讲座、培训、展览等，提升社区居民的知识水平和文化素养。这些活动的举办不仅可以丰富社区居民的业余生活，还可以促进社区的文化交流和互动，增强社区的凝聚力和文化认同感。

在实施阅读推广和教育活动时，图书馆需要注重活动的多样性和针对性。针对不同年龄、不同职业、不同兴趣的社区居民，图书馆可以设计不同类型的活动，以满足他们的个性化需求。例如，针对儿童和青少年，图书馆可以举办亲子阅读、绘本阅读、儿童文学讲座等活动；针对成年人，图书馆可以举办职场技能培训、职业规划讲座、健康养生讲座等活动；针对老年人，图书馆可以举办养生保健讲座等活动。通过这些多样化的活动，图书馆可以吸引更多的社区居民参与其中，提高他们的文化素质和知识水平。

除了注重活动的多样性和针对性，图书馆还需要注重活动的互动性和参与性。在举办活动时，图书馆可以通过设置互动环节、邀请嘉宾演讲、组织讨论小组等方式，增强活动的互动性和参与性，让社区居民更好地参与到活动中。此外，图书馆可以通过开展读书会、文学作品分享会等活动，鼓励社区居民主动分享自己的阅读心得和感悟，促进社区的文化交流和互动。

在开展阅读推广和教育活动的过程中，图书馆需要注重活动的持续性和长期性。只有举办持续性和长期性的活动，才能真正提高社区居民的文化素质和知识水平。因此，图书馆需要制定详细的计划和方案，确保活动的持续性和长期性。此外，图书馆需要注重活动的评估和反馈，及时了解社区居民对活动的评价和建议，不断优化和改进活动方案。

图书馆开展阅读推广和教育活动是提高社区居民文化素质的重要途径。通过注重活动的多样性和针对性、互动性和参与性、持续性和长期性，图书馆可以为社区居民提供更好的文化服务，推动社区的文化发展和进步。

3. 图书馆参与社区的文化交流和旅游推广，促进社区的多元化发展

图书馆可以为用户提供各种文化活动和学习资源，吸引不同背景和兴趣的社区居民参与，促进文化交流和互相了解。例如，图书馆可以举办文化展览、讲座、读书会、表演等多样化的活动，展示不同地域和民族的文化特色，让社区居民了解和欣赏不同文化的魅力。此外，图书馆可以通过旅游推广活动，引导社区居民探索当地和异地的旅游资源，了解不同地方的历史、文化和风土人情。这些活动不仅可以丰富社区居民的文化生活，提高他们的文化素质，还可以促进社区内部的和谐与稳定，增强社区文化的多元化和包容性。

图书馆参与社区的文化交流和旅游推广是促进社区多元化发展的重要途径之一。通过举办多样化的文化活动和旅游推广活动，图书馆可以吸引不同背景和兴趣的社区居民参与其中，促进文化交流。因此，图书馆应该积极参与社区的文化交流和旅游推广活动，发挥自己的优势和作用，为推动社区的多元化发展做出贡献。

第二章 数字化服务的核心元素

第一节 虚拟馆藏与数字化阅读

一、利用技术打造虚拟馆藏

（一）虚拟馆藏与数字化阅读的概念与特点

虚拟馆藏的概念最早可以追溯到 20 世纪 90 年代。当时随着计算机技术和网络技术的快速发展，一些图书馆开始尝试将纸质图书转化为数字资源，并存储在计算机系统中，以实现用户的远程访问和借阅。随着数字化技术的发展和普及，虚拟馆藏的概念也逐渐得到广泛的应用和推广。

虚拟馆藏是一种基于数字化技术的图书馆馆藏资源建设模式，它将传统图书馆的纸质图书、期刊、报纸等文献资源进行数字化处理，并利用计算机网络技术进行存储、传输和访问。与传统的图书馆馆藏资源相比，虚拟馆藏具有以下特点和优势。

首先，虚拟馆藏突破了传统图书馆在时间和空间上的限制，让读者可以通过计算机、手机等终端设备随时随地访问和借阅数字资源。这种新型的图书馆服务模式，不仅扩大了图书馆的服务范围，使读者可以更加便捷地获取所需资源，还提高了图书馆的效率，减少了人工操作，节约了管理成本。

虚拟馆藏的优点在于其具有灵活性和便利性。无论读者身处何地，只要拥有访问权限，就可以通过网络访问图书馆的数字资源，无须亲自前往图书馆。此外，虚拟馆藏还具有多样性，包含各种类型的数字资源，如电子书籍、数据库等，满足读者的不同需求。

随着网络技术和移动通信技术的发展，虚拟馆藏的应用越来越广泛。许多图书馆都开始逐步推进数字化建设，将传统的纸质图书资源转化为数字形式，并提供在线借阅服务。这不仅提高了图书馆的资源利用效率，也使图书馆的服务更加多元化和个性化，满足了不同读者的阅读需求。

其次，虚拟馆藏这一先进的技术手段，可以实现全球范围内资源的共享和重复利用。不同地区、不同类型、不同规模的图书馆可以通过网络平台共享数字资源，避免了重复建设和浪费，提高了资源的利用率。这种技术不仅使图书馆的馆藏资源更加丰富多样，还可以满足读者的个性化需求，为他们提供更加便捷、高效、精准的阅读服务。

虚拟馆藏的优点在于其实现了资源的共享和重复利用，避免了重复建设和浪费，提高了资源的利用率。通过虚拟馆藏，图书馆可以更加便捷地获取和利用数字资源，读者也可以更加方便地获取所需的阅读资源。此外，虚拟馆藏还可以实现智能化推荐和个性化定制服务，为读者提供更加精准的阅读服务。

最后，虚拟馆藏是一种现代化的技术手段，通过数字化技术对文献资源进行保护和修复，从而永久地保存。这种方式不仅避免了传统纸质文献在借阅过程中出现的损坏和遗失等问题，通过数字化技术，使文献的使用寿命得到了极大的延长。在虚拟馆藏中，文献资源被数字化后存储在计算机系统中，读者可以通过网络或移动设备随时随地访问这些资源。这种数字化的存储方式不仅方便了读者的使用，还可以避免因时间和地点的限制而无法获取文献的问题。同时，虚拟馆藏可以通过备份和恢复系统来确保文献资源的完整性和安全性，避免了传统纸质文献在保存过程中可能出现的损坏和遗失等问题。虚拟馆藏的建设不仅可以保护和修复珍贵的文献资源，还可以提高文献的利用率和传播效率。数字化技术不仅可以使文献资源在网络上被更多的人访问和使用，还可以通过搜索和筛选功能快速地找到所需的内容。虚拟馆藏还可以通过与其他图书馆或信息机构的合作，实现资源共享，进一步提高文献的利用价值。

在打造虚拟馆藏时，需要用到许多数字化技术和工具。第一，需要对纸质文献资源进行数字化处理，这需要使用扫描仪、数码相机等设备将文献转化为数字格式。第二，为了提高数字化资源的可用性和易用性，还需要对数字资源进行格式转换、元数据提取、索引编制等处理。第三，需要建立完善的数据库系统，以便对数字化资源进行存储、管理、检索和维护。数据库系统需要具备高性能、高可用性和可扩展性，以满足大规模数字化资源的存储和管理需求。同时，还需要构建网络安全防护体系，以保障数字化资源的网络安全和数据可靠性。

虚拟馆藏在图书馆中的应用非常广泛影响非常显著。第一，虚拟馆藏提高了图书馆馆藏资源的利用率，读者可以通过数字化平台实现远程访问和借阅，不受传统纸质文献的借阅限制，节约了时间成本。第二，虚拟馆藏可以优化图书馆的空间资源配置，将更多的空间用于提供其他类型的服务和活动。第三，虚拟馆藏可以拓展图书馆的服务模式与功能。除了传统的借阅服务，图书馆还可以提供数字化资源的在线阅读、下载、复制等服务，以及基于大数据分析和人工智能技术的个性化推荐服务。这些新型服务模式和拓展的功能可以满足读者的多样化需求，提高图书馆的服务质量和用户满意度。

虚拟馆藏的发展也促进了图书馆工作人员素质的提升与能力的发展。数字化技术不断更新换代，对图书馆工作人员的技能要求也越来越高。图书馆工作人员需要不断学习和掌握新的数字化技术和工具，以适应虚拟馆藏建设的需要。同时，图书馆工作人员还需要具备信息素养、数据分析能力、用户服务能力等综合素质，以提供高质量的图书馆服务。

（二）虚拟馆藏的特点与优势

虚拟馆藏是指通过数字化技术将实体馆藏资源转化为数字格式，并存储在虚拟空间中，以实现远程访问和利用的一种资源形式。虚拟馆藏的特点主要表现在以下几个方面。

第一，资源共享。虚拟馆藏可以实现跨地域、跨时间的资源共享，只要有网络连接，任何人都可以访问和利用虚拟馆藏资源。

第二，永久保存。虚拟馆藏资源可以永久保存，不会像实体馆藏一样因为各种原因而受到损坏或丢失。

第三，动态更新。虚拟馆藏可以通过技术手段实现实时更新和升级，以保持资源的时效性。

第四，多样化的服务。虚拟馆藏可以为读者提供多样化的服务，如在线阅读、下载、复制、打印等，以满足读者的不同需求。

基于虚拟馆藏的这些特点，其在图书馆中具有广泛的应用价值，主要体现在以下几个方面。

第一，提升图书馆馆藏资源利用率。虚拟馆藏资源的访问不受时间和地点的限制，可以大大提高图书馆资源的利用率。

第二，优化图书馆的空间资源配置。通过虚拟馆藏的建设，图书馆可以将实体资源转化为数字资源，从而节省空间，优化空间资源配置。

第三，拓展图书馆服务模式与功能。虚拟馆藏的建设可以拓展图书馆的服务模式和功能，如在线阅读、下载、远程借阅等，以满足读者的多元化需求。

第四，促进图书馆工作人员素质提升与能力发展。虚拟馆藏的建设需要图书馆工作人员具备较高的数字化素养和技术能力，从而促进图书馆工作人员的素质提升和能力发展。

虚拟馆藏的建设需要一系列的技术手段来实现。首先，需要数字化采集技术将实体馆藏资源转化为数字格式，并存储在虚拟空间中。其次，需要图像处理和识别技术对数字化后的资源进行优化和识别，以提高资源的可读性和易用性。再次，需要数据库建设与维护技术对虚拟馆藏资源进行分类、整理和管理，以便读者检索和利用。最后，网络安全与防护技术是虚拟馆藏建设的重要保障，以保障虚拟馆藏资源的安全和稳定。

在虚拟馆藏的建设过程中，需要注意一些问题。首先，要保证数字化采集的质量和效率，以避免资源的损坏或丢失。其次，要重视资源的版权保护问题，以避免侵权行为的发生。再次，要注重提高读者的数字化素养和技术能力，以便读者更好地利用虚拟馆藏资源。最后，要不断更新和升级虚拟馆藏资源的技术手段和平台，以保持资源的时效性。

（三）打造虚拟馆藏的技术手段与实现方式

1. 数字化采集与存储技术

数字化采集与存储技术是虚拟馆藏建设的重要环节之一。通过对纸质、音频、视频等不同形态的文献资料进行数字化采集，将它们转化为计算机可识别的二进制数据，实现大规模的信息存储和利用。存储技术涉及数据压缩、备份、存储介质选择等方面，以确保数字化信息的安全、可靠和长期保存。这些技术对图书馆等机构来说，不仅能够保护和传承文化遗产，还能为读者提供更加便捷的阅读体验。

虚拟馆藏的特点之一就是可以突破传统图书馆的空间限制，通过数字化采集与存储技术，将海量的文献资源集中存储在数据库中，实现全球范围内的信息共享。这样不仅可以提高图书馆的馆藏资源利用率，还可以优化图书馆的空间资源配置，使实体图书馆的空间得到更加合理的利用。比如，可以将图书馆的部分空间用作阅读区、讨论区或休息区，提高读者的阅读体验和图书馆的服务水平。

在虚拟馆藏建设中，数字化采集与存储技术是基础，图像处理与识别技术是实现高质量数字化采集的关键。通过对文献资料进行图像处理和识别，可以将纸质、音频、视频等不同形态的文献资料转化为计算机可识别的数据，进而实现大规模的信息存储和利用。比如，OCR技术可以将纸质文献转化为计算机可识别的文本信息，语音识别技术可以将音频资料转化为文本信息，视频处理技术可以将视频资料转化为数字化信息。这些技术的应用不仅可以提高信息采集的质量和效率，同时也为后续的信息处理和利用提供便利。

2. 图像处理与识别技术

图像处理与识别技术是虚拟馆藏建设中的重要环节之一。通过对图像的数字化处理和识别，有效地将纸质文献转化为数字资源，提高虚拟馆藏的丰富度和多样性。同时，图像处理与识别技术还可以辅助进行文本提取、版面分析、文字识别等，为数字化阅读提供更加准确和便捷的体验。

在虚拟馆藏建设中，图像处理与识别技术的应用主要体现在以下几个方面。

第一，图像采集与处理。利用扫描仪等设备将纸质文献转化为数字图像，并对其进行一系列的预处理操作，如去噪、增强、矫正等，以提高图像质量。这些处理步骤可以借助专业的图像处理软件来实现，以确保数字图像的清晰度和准确性。在预处理过程中，可以采用多种技术手段来提高图像质量，使用滤波技术去除噪声、调整亮度和对比度来增强图像效果、采用几何校正方法来修正图像的变形和失真。通过这些处理步骤能将纸质文献转化为高质量的数字图像，方便后续的文字识别和信息提取。

第二，文字识别与提取。光学字符识别（OCR）等技术能将数字图像中的文字转化为可编辑的文本，便于后续的数字化阅读和检索。

第三，版面分析和结构化。对数字图像的版面进行分析和结构化，自动识别出文本、表格、图片等元素，并建立相应的结构化模型，提高数字化阅读的体验感和效率。

第四，内容理解和语义分析。利用自然语言处理等技术，对数字化图像进行语义理解和分析，从而实现对文本的自动分类、关键词提取、情感分析等功能，提高数字化阅读的智能化水平。

通过图像处理与识别技术的应用，虚拟馆藏建设可以实现自动化、智能化和高效化的处理流程，提高数字化阅读的准确性和便捷性。同时，也有助于优化图书馆的空间资源配置、拓展图书馆的服务模式与功能，以及促进图书馆工作人员的素质提升与能力发展。

3. 数据库建设与维护技术

数据库建设与维护技术在虚拟馆藏的打造中扮演着重要的角色。数据库的建立是实现虚拟馆藏的关键步骤之一。通过对馆藏资源的数字化处理，将信息存储在数据库中，实现资源的集中管理和高效利用。同时，数据库的维护也是虚拟馆藏稳定性和安全性的重要措施。数据库管理员可以通过定期备份、更新和修复数据，确保虚拟馆藏的完整性和可靠性。此外，对数据库进行维护还可以实现数据的动态更新和优化，以满足用户不断变化的需求。

在虚拟馆藏的建设过程中，数字化采集与存储技术也是关键的一环。数字化采集是将纸质、实物等形式的馆藏资源转化为数字格式的过程，存储技术是将这些数字资源保存在数据库或其他存储设备中的技术。数字化采集与存储技术的应用，能够更加便捷地存储、管理和检索馆藏资源，为后续的数据挖掘和分析提供基础数据支持。

除了数字化采集与存储技术，图像处理与识别技术在虚拟馆藏的建设中也具有重要的作用。图像处理技术可以对数字化后的资源进行优化，提高资源的可读性和吸引力；图像识别技术可以实现对数字化资源的自动识别和检索，进一步提高资源的利用效率。通过这些技术的应用，使虚拟馆藏能够更加生动、形象地展示馆藏资源，为读者提供更加便捷和高效的阅读体验。

4. 网络安全与防护技术

网络安全与防护技术在虚拟馆藏建设中的重要性日益凸显。在数字化时代，虚拟馆藏面临诸多安全挑战，如数据泄露、网络攻击等。因此，采取有效的网络安全措施，保护虚拟馆藏资源的安全性和完整性，成为建设高质量虚拟馆藏的重要保障。

首先，数据加密技术是保护虚拟馆藏资源的重要手段。采用数据加密技术，可以防止未经授权的访问和数据泄露。同时，加密技术可以对数据进行加密存储，确保数据的安全性和完整性。此外，数据加密技术还可以对传输的数据进行加密，防止数据在传输过程中被窃取或篡改。

其次，访问控制技术是保护虚拟馆藏资源的重要措施。通过设置严格的访问控制策略，限制用户对虚拟馆藏资源的访问权限，防止未经授权的用户访问或窜改数据。同时，访问控制技术可以对敏感数据进行加密存储，确保只有经过授权的用户才能访问这些数据。

再次，网络安全防护技术可以采用防火墙、入侵检测系统等手段来保护虚拟馆藏资源的安全。防火墙可以监控网络流量，阻止未经授权的访问和网络攻击。入侵检测系统可以实时监测网络流量，发现并报告异常行为，及时采取防范措施。这些措施可以有效降低虚拟馆藏资源被攻击的风险。

最后，虚拟馆藏资源的备份和维护是网络安全与防护工作的重要组成部分。备份虚拟馆藏资源可以确保发生意外情况时，迅速恢复数据和系统。同时，定期维护虚拟馆藏资源和系统可以及时发现并解决潜在的安全隐患。

二、数字化阅读服务的创新

（一）数字化阅读服务的背景和重要性

随着信息技术和网络的发展，数字化阅读已经成为获取信息、知识的主要方式之一。数字化阅读服务的出现，不仅改变了人们的阅读习惯，也带来了许多便利和创新。例如，数字化阅读服务能够提供更加丰富多样的阅读内容，包括电子书、网络文学、新闻资讯等；同时，数字化阅读服务能使阅读更加便捷，人们可以通过手机、电脑等终端随时随地阅读。此外，数字化阅读服务更加环保，减少了纸张的使用，节约了印刷成本。

1. 数字化阅读服务的定义和范围

数字化阅读服务是指通过数字化技术，将书籍、报纸、杂志等传统纸质出版物进行数字化转换，以电子书、网络文学等形式提供给读者。数字化阅读服务的范围包括电子书城、在线阅读平台、数字图书馆等。这些平台可以提供各种类型的阅读资源，满足读者的不同需求。

2. 数字化阅读服务的现状

目前，数字化阅读服务已经成为一个庞大的产业，各种类型的平台都在争夺市场份额。然而，数字化阅读服务也面临一些问题和挑战。例如，盗版问题严重，影响了正版书籍的销售；许多读者仍然习惯于纸质书籍的阅读方式，对数字化阅读还需要逐步适应。此外，数字化阅读服务还需要解决如何保护知识产权和隐私的问题。

（二）创新阅读服务的模式

1. 创新阅读服务的理念和思路

数字化阅读服务的创新在当今社会具有重要意义。随着科技的发展，数字化阅读已经成为获取信息、知识的主要方式之一。然而，数字化阅读服务仍存在一些问题和挑战，如缺乏个性化推荐、阅读体验不够舒适等。因此，创新阅读服务的理念和思路应运而生。

创新阅读服务的核心理念是提供更加个性化、舒适的阅读体验。通过利用大数据、人工智能等技术，对用户的阅读习惯、兴趣进行分析，从而为用户推荐合适的阅读内容。此外，创新阅读服务还注重提高阅读质量，通过优化排版、提供多种阅读模式等方式，满足用户的不同需求。

在数字化阅读服务的现状中，市场呈稳步增长的趋势。然而，用户对于个性化推荐、阅读体验的需求越来越迫切。因此，创新阅读服务具有很大的市场潜力。

创新阅读服务的模式，主要包括个性化推荐系统、智能排版、多种阅读模式等。这些模式的运用，能大大提高用户的阅读体验和满意度。

国内外已经有很多典型的创新阅读服务的案例。例如，国内某知名读书平台通过大数据分析用户的阅读习惯和兴趣，为用户推荐合适的书籍。这一举措堪称开行业先河，为用户提供了更加个性化的阅读体验。该平台在大数据技术的支持下，对用户的阅读行为进行深入剖析，从而为用户筛选出最符合其兴趣和需求的书籍。同时，该平台还提供了多种阅读模式，如护眼模式、夜间模式等，以满足用户的不同需求。这些阅读模式不仅考虑了用户在视觉上的舒适度，还充分考虑了他们的使用场景和习惯。例如，护眼模式通过调整屏幕亮度和色温，有效缓解眼睛疲劳；夜间模式将屏幕亮度调低，避免在黑暗环境下阅读时屏幕亮度过大刺激眼睛。这些贴心的设计，使用户能更加舒适地享受阅读的乐趣。

值得一提的是，该平台在为用户提供个性化推荐的同时，还注重保障用户的隐私权。他们采取了严格的数据保护措施，确保用户的个人信息和阅读数据不会被泄露。这种对用户隐私的关注和维护，使得该平台在用户心中树立了良好的口碑。

创新阅读服务具有很大的价值和意义。首先，它可以提高用户的阅读体验和满意度；其次，它可以促进数字经济的发展；最后，它可以推动全民阅读的普及。

在未来的发展中，创新阅读服务将朝着更加智能化、个性化的方向发展。例如，利用人工智能技术实现更加精准的推荐，利用虚拟现实技术提供更加真实的阅读体验，等等。

2. 设计创新阅读服务的模式和流程

在数字化阅读服务的背景下，创新阅读服务的模式和流程对于提高阅读体验和服务质量具有重要意义。数字化阅读服务的定义和范围包括通过数字化平台提供的各种阅读服务，如在线阅读、移动阅读、电子书等。这些服务旨在满足用户阅读的需求和习惯，为用户提供更为便捷和个性化的阅读体验。

目前，数字化阅读服务市场呈快速增长的趋势。随着互联网技术的发展和普及，用户对数字化阅读的需求也在不断变化。同时，数字化阅读服务的主要问题和挑战也日益凸显，如缺乏深度的阅读体验、难以获取高质量的阅读资源、缺乏有效的阅读交流和互动等。

为了解决这些问题，创新阅读服务的理念和思路应运而生。创新阅读服务旨在通过提供更加优质、个性化的阅读资源和阅读体验，激发读者的阅读兴趣，提高读者的参与度。其中，设计创新阅读服务的模式和流程是实现这一目标的关键。

在创新阅读服务的模式方面，可以采取多种形式。例如，通过大数据和人工智能技术，图书馆可以对读者的阅读偏好和行为进行分析，为其推荐合适的阅读资源；提供互动式的阅读平台，让读者在阅读时进行评论、分享和交流；推出定制化的阅读服务，根据读者的需求和兴趣，为其定制专属的阅读计划和推荐书单；等等。

在创新阅读服务的流程方面，也需要进行全面的优化。例如，简化和优化注册登录流程，提高读者的使用体验；引入社交元素，增强读者之间的联系和互动；提供多形式的阅读内容，满足读者多样化的阅读需求；等等。

通过设计创新阅读服务的模式和流程，数字化阅读服务不仅可以提供更加优质、个性化的阅读体验，还可以激发读者的参与热情。同时，这也为数字化阅读服务的未来发展提供了新的思路和方向。

第二节　数据管理与知识图谱

一、数据驱动城市决策

（一）数据管理与知识图谱

1. 数据管理的意义和价值

数据管理对于现代城市决策具有重要意义。随着城市的发展，数据量不断增加，数据管理成为智慧城市决策的关键因素。通过对数据的收集、整合、分析和挖掘，从中提取有价值的信息，为城市决策提供科学依据。例如：在交通管理方面，通过对交通数据的收集和分析，实时监测交通状况，为交通调度和路线规划提供参考；在城市规划方面，通过对土地使用数据的分析和挖掘，合理规划城市空间布局，提高土地利用效率；在环境保护方面，通过对环境数据的收集和监测，及时发现环境问题，采取有效措施保护环境。因此，数据管理对于智慧城市决策具有不可替代的作用。

知识图谱是一种以图形呈现知识的方法。在智慧城市中，知识图谱可以用于描述城市中各种实体之间的关系和属性。将实体之间的关系和属性进行可视化展示，可以更好地理解城市的运行状态发现城市运行过程中的问题。例如，在智慧交通方面，知识图谱可以用于描述车辆、道路、交通信号灯等实体之间的关系和属性，帮助相关人员更好地了解交通状况和交通问题。在智慧城管方面，知识图谱可以用于描述城市设施、公共空间、人流等实体之间的关系和属性，帮助相关人员更好地了解城市管理和规划问题。因此，知识图谱在智慧城市决策中具有重要的作用。

数据驱动决策是通过数据分析来指导决策的制定和实施。在智慧城市建设中，数据驱动决策可以用于各种领域，如交通管理、城市规划、环境保护等。我们可以通过数据收集和整合，获取全面的数据资源；通过数据分析和技术挖掘，提取有价值的信息；通过数据可视化与呈现，直观地展示数据结果。例如，在智慧交通方面，通过数据收集和整合，获取车辆行驶轨迹、交通拥堵状况等数据；通过数据分析和技术挖掘，提取有价值的信息，如车辆行驶规律、交通拥堵原因等；通过数据可视化与呈现，将分析结果以图表、图像等形式展示出来，为交通管理部门提供决策支持。因此，数据驱动决策对于智慧城市的发展具有重要的作用。

2. 知识图谱的内涵与构建

数据管理与知识图谱是现代城市决策的重要基础。在城市决策中，数据管理具有非常高的价值和非常重要的意义。通过数据收集、整合和分析，城市管理者能提取出有用的信息，为城市决策提供科学依据。知识图谱是一种基于图的数据模型，用于描述现实世界中的各种概念、实体及其之间的关系。在城市决策中，知识图谱可以提供更加全面和深入的信息，帮助相关人员更好地理解和解决城市问题。

知识图谱的构建涉及多个领域的知识和技术，包括语义网络、自然语言处理、数据挖掘等。在构建知识图谱时，需要从大量的数据中提取有用的信息，并进行清洗、抽取和整合。同时，还需要对知识图谱进行不断的优化和更新，以保证其准确性和时效性。在城市决策中，知识图谱可以用于提供智能推荐、智能问答、智能分析等多种服务，为城市决策提供更加智能化和高效化的支持。

随着城市化进程的加快和城市规模的扩大，城市决策的复杂性在不断提高，难度也在不断加大。传统的城市决策方式往往存在信息不全面、决策效率低下等问题。而应用数据管理和知识图谱，可以使决策者更加全面地了解城市现状和发展趋势，更加准确地把握城市存在问题和发展方向。同时，还可以通过智能化手段对城市决策进行辅助和支持，提高城市决策的科学性和准确性。

在数据驱动城市决策中，数据收集与整合是非常重要的环节。需要从多个来源收集大量的数据，包括政府公开数据、社会调查数据、科研数据等。同时还需要对数据进行清洗、抽取和整合，以形成有用的信息。在这个过程中，需要考虑数据的准确性、完整性和时效性，以保证数据的质量和可用性。

数据分析与挖掘是数据驱动城市决策的核心环节。数据分析与挖掘可以提取出有用的信息，为城市决策提供科学依据。同时，还可以通过对数据的预测和分析，对未来城市发展趋势进行预测和分析，为城市规划和决策提供参考。在数据分析与挖掘中，需要使用多种技术和工具，包括统计分析、数据挖掘、机器学习等。

数据可视化与呈现是数据驱动城市决策的重要环节。数据可视化与呈现，能将复杂的数据转化为直观的图形和图像，以便人们理解和使用。同时，人们还可以通过数据可视化与呈现来提高城市决策的透明度和公众参与度。数据可视化与呈现过程中，需要使用多种技术和工具，包括图表制作、数据可视化库、交互式界面设计等。

智慧交通是数据驱动城市决策的重要应用之一。通过数据管理和知识图谱的应用，相关人员可以更加全面地了解城市交通现状和发展趋势，更加准确地把握城市交通问题和发展方向。同时，还可以通过智能化手段对城市交通进行辅助和支持,提高城市交通的效率和安全性。

智慧城管是数据驱动城市决策的另一个重要应用。通过数据管理和知识图谱的应用,相关人员可以更加全面地了解城市管理现状和发展趋势,更加准确地把握城市管理问题和发展方向。同时,还可以通过智能化手段对城市管理进行辅助和支持,提高城市管理的效率和准确性。

智慧环保也是数据驱动城市决策的重要应用。通过数据管理和知识图谱的应用,相关人员可以更加全面地了解城市环境现状和发展趋势,更加准确地把握城市环境问题和发展方向;同时,还可以通过智能化手段对城市环境进行监测和支持,提高城市环境的保护和管理效率。

随着技术的发展和进步,数据驱动城市决策将会迎来更多的机遇和挑战。在未来发展中,人们需要不断探索和创新数据管理和知识图谱的技术和应用方式,提高城市决策的科学性和准确性。同时还需要加大数据的共享和开放力度,促进数据的流通和应用范围的扩大化。

(二)数据驱动决策的方案与策略

1. 数据收集与整合的方案

数据收集与整合的方案在数据驱动城市决策中举足轻重。为了有效地收集和整合各类数据,人们需要制定周密的策略并采取切实可行的措施。首先,要明确数据收集的目标和范围,确定所需的数据类型和来源。其次,要选择合适的数据收集方式,包括线上调查、线下采集、政府公开数据等。在整合数据时,要注重数据的清洗和标准化,确保数据的准确性和一致性。此外,为了方便后续的数据分析和挖掘,还需要将数据进行适当的预处理和格式化。

数据收集与整合的方案需要满足城市决策的需求、应对城市决策的挑战。随着城市化进程的加快,城市决策需要处理的数据量越来越大,同时对数据的实时性和准确性也提出了更高的要求。因此,人们需要不断地改进和优化数据收集与整合的方案,提高数据的时效性和质量。

在数据驱动城市决策中，数据收集与整合是基础且关键的步骤。只有做好数据收集与整合工作，人们才能有效地利用数据进行后续的分析、挖掘和可视化等工作。同时，人们也需要不断地关注城市决策的需求和发展趋势，以便及时调整和优化数据收集与整合的方案。

2. 数据分析与挖掘的策略

在数据管理与知识图谱部分，数据是一种宝贵的资源，对其进行有效管理和利用对城市决策者来说至关重要。数据管理不仅包括对数据进行收集、整理和存储，更包括对数据的分析、挖掘和利用。深入分析数据中蕴含的信息和知识，可以更好地理解和解决城市发展中的各种问题。同时，构建知识图谱可以帮助相关人员更有效地组织和呈现这些信息，从而为城市决策提供有力的支持。

在数据驱动决策的背景下，城市决策的需求与挑战日益凸显。传统的决策方法往往基于经验和个人判断，难以应对复杂多变的城市问题。数据驱动决策通过收集和分析大量数据，从中提取有价值的信息和知识，为决策者提供科学、客观的依据。这种决策方式不仅可以提高决策的准确性和效率，还可以帮助相关人员更好地理解和解决城市发展中的各种问题。

在数据驱动决策的方案与策略中，数据分析与挖掘扮演着至关重要的角色。通过运用各种数据分析方法和工具，相关人员可以从海量数据中提取有价值的信息和知识。例如，可以使用回归分析、聚类分析、关联规则等方法来识别数据的模式和趋势，或者使用机器学习算法来进行预测和分类。同时，结合数据可视化技术，人们可以将分析结果以直观的方式呈现出来，帮助决策者更好地理解和利用数据。

在数据驱动决策的实践与应用中，可以看到智慧交通、智慧城管、智慧环保等领域的成功案例。例如，在智慧交通领域，通过对交通数据的收集和分析，实时监测交通状况，优化交通流量，减少拥堵和事故风险。在智慧城管领域，通过运用大数据和人工智能技术，实现城市管理的智能化和精细化，提高城市管理的效率和质量。在智慧环保领域，通过监测和分析环境数据，更好地保护环境资源，实现可持续发展。

在未来发展中，随着大数据和人工智能技术的不断进步，数据驱动决策将迎来更多的机遇、面临更多挑战。在新时代，人们面对更加复杂多变的城市问题，需要更加深入地研究和应用数据驱动决策方法。同时，人工智能技术的发展也将为数据驱动决策提供更多的支持。例如，基于深度学习的预测模型可以帮助人们更好地预测城市发展趋势，从而制定更加科学合理的措施。

3. 数据可视化与呈现的技巧

在数据驱动城市决策中，通过将复杂的数据以直观、易懂的方式呈现出来，数据可视化可以帮助城市管理者更好地理解数据，发现数据背后的规律和趋势，从而做出更加科学、合理的决策。

在数据可视化与呈现方面，常用的技巧如下：

其一，图表选择。针对不同的数据类型和展示需求，选择合适的图表类型。例如，折线图可以用来显示数据的趋势和变化，柱状图可以用来比较不同类别的数据，饼图可以用来显示数据的比例。

其二，数据降维。通过主成分分析、因子分析等方法，将多维度的数据降成低维度的数据，从而更好地进行可视化呈现。

其三，色彩运用。利用不同的颜色来区分不同的数据类别或表达特定的信息。同时，色彩的选择也要考虑易于理解和记忆的原则。

其四，图形设计。在图表设计中要注意简洁、清晰、易于理解。例如，图例要清晰明了，标签要易于阅读，图形的大小、形状、位置等也要合理安排。

其五，交互式可视化。通过交互式可视化技术，观众可以更加深入地探索和分析数据。例如，通过鼠标悬停、点击等操作，显示更多详细的信息和数据。

在智慧城市建设中，数据可视化与呈现的技巧对于提高决策质量和效率具有重要意义。通过对城市各项指标数据的可视化展示，城市管理者可以更加全面、准确地了解城市的运行状态和发展趋势，为科学决策提供有力支持。

除了智慧交通领域，数据可视化与呈现的技巧在智慧城管、智慧环保等领域也具有广泛的应用前景。例如，在智慧城管领域，可以通过对城市设施、环境质量等数据进行采集和整合，将数据以图表、图像等形式进行呈现，帮助城市管理者更好地了解城市管理和治理状况并制定相应的政策。同时可以将不同来源的数据进行关联分析，例如，将环境质量数据与气象数据进行关联分析，为城市管理提供更加全面、准确的信息支持。

在智慧交通领域的应用中，数据可视化可以将交通流量、车速等数据进行呈现和分析。例如，实时监测交通流量和车速信息并制作成图表或图像展示给管理部门或公众，可以帮助他们更好地了解交通状况并采取相应的措施。此外，还可以对不同来源的数据进行整合和分析，例如，对气象信息与交通流量数据进行关联分析，为交通管理提供更加全面、准确的信息支持。

二、知识图谱在图书馆中的应用

（一）知识图谱在图书馆中的意义

1. 提升图书馆的服务智能化水平

知识图谱是一种基于图形表示知识的方式，它能够将复杂的知识结构化，并将不同来源、不同格式的知识进行整合，从而形成一个完整的知识体系。在图书馆中，知识图谱的应用可以大大提升服务智能化水平。

首先，通过知识图谱的构建，图书馆可以对馆藏资源进行更加精细化的分类和标注，从而能够更好地满足读者的需求。同时，利用知识图谱的智能化推荐功能，图书馆可以更加精准地向读者推荐相关的图书、期刊等资源，提高资源的使用率和读者的满意度。

其次，知识图谱的智能问答功能可以帮助读者更加方便、快捷地获取所需的信息。通过自然语言处理和语义分析技术，知识图谱可以自动解析和回答读者的问题，为读者提供更加个性化、精准的信息服务。

最后，知识图谱可以帮助图书馆更好地管理馆藏资源和提高工作效率。通过知识图谱的构建和管理，图书馆可以更加清晰地掌握馆藏资源的数量、种类、借阅情况等信息，从而更好地开展规划采购、排架、维护等工作，提高图书馆的管理效率，给读者带来更好的借阅体验。

2. 改善用户体验

知识图谱在图书馆中的应用，旨在通过提升图书馆的服务智能化水平、改善用户体验、优化馆藏资源布局等方式，提高图书馆的服务质量和效率。其中，改善用户体验是知识图谱在图书馆应用中的重要一环。

首先，知识图谱是一种基于人工智能和大数据技术的推荐系统，它可以通过对用户兴趣和需求的深度挖掘，为用户提供更为精准的图书推荐服务。这种个性化推荐的方式，不仅可以帮助用户快速找到自己需要的图书，还可以引导用户发现更多感兴趣的图书，从而提升图书馆的服务质量和用户满意度。

在实践中，知识图谱的技术已经得到了广泛应用。例如，一些大型电商平台通过用户购物历史和浏览记录等数据，分析用户的购物需求和兴趣爱好，并据此推荐相关商品。这种个性化推荐服务能够提高用户购物的效率和满意度，为电商平台带来了更高的销售额，提升了用户黏性。在图书馆领域，知识图谱的应用也具有重要意义。传统的图书馆推荐系统通常基于人工分类和标签，难以做到精准推荐。而通过知识图谱技术，图书馆可以更好地理解用户的需求和兴趣，提供更为精准的图书推荐服务，从而提高用户对图书馆服务的满意度。此外，知识图谱可以帮助图书馆更好地管理图书资源。通过对用户借阅记录和图书流通数据的分析，图书馆可以了解各类图书的借阅情况和流通率，从而合理安排图书采购和库存管理，提高图书资源的利用率。

其次，知识图谱的智能问答功能是一项非常先进的技术，它利用了自然语言处理和语义理解技术，可以自动回答用户的问题，让用户更快找到所需的信息。这种智能问答功能减少了用户查找答案的时间和精力，提高了用户的工作效率和学习效率。知识图谱的智能问答功能具有很高的实用价值，它可以广泛应用于各种领域，如客户服务、教育、医疗等。通过智能问答功能，企业可以提供更好的客户服务，提高客户满意度；教育机构可以帮助学生更好地理解知识，提高学习效果；医疗机构可以快速回答患者的问题，提供更好的医疗服务。由此说明，知识图谱的智能问答功能是一项非常重要的技术，它可以帮助人们更快速地获取所需的信息，提高工作效率和学习效率，具有很高的实用价值。

最后，知识图谱的构建与优化是改善用户体验的关键环节。这一环节不仅涉及对大量数据的处理和分析，还要求对知识图谱进行精细化的管理和维护。通过不断优化知识图谱的构建过程，提高知识图谱的精度和完整性，为用户提供更为准确和全面的信息查询服务。这种优化不仅包括对知识图谱本身的改进，还包括对查询算法和搜索功能的提升。只有这样，才能使用户更快速、更准确地查询到所需要的信息，增强用户的使用体验。为了实现这一目标，需要采取一系列措施。第一，要持续改进知识图谱的构建方法，包括引入更先进的算法和技术，以提高知识图谱的精度和完整性。第二，要加强对知识图谱的管理和维护，包括对知识图谱进行定期更新和修正，以保证知识图谱的时效性和准确性。第三，还需要不断完善查询算法和搜索功能，以提高查询效率和准确度。

这些努力可以为用户提供更为优质的信息查询服务。这种服务不仅可以帮助用户更好地了解所需信息，还可以帮助用户更好地解决问题。同时，这种服务可以提高用户对知识图谱的信任度和满意度，从而促进知识图谱的进一步发展和应用。

3. 优化馆藏资源布局

传统的图书馆馆藏资源建设方式往往存在资源重复、利用率低、无法满足用户个性化需求等问题，而知识图谱的引入，为图书馆馆藏资源布局的优化提供了新的思路和方法。

首先，知识图谱可以通过对图书馆资源的深度挖掘和分析，发现不同资源之间的关联和规律，为图书馆的资源采购和布局提供决策支持。例如，通过对图书借阅数据、读者行为数据等进行分析,了解读者的阅读需求和行为习惯,为图书馆的资源采购提供参考,提高馆藏资源的利用率和客户满意度。

其次,知识图谱可以通过对读者需求的深度了解和分析,为读者提供个性化的阅读推荐服务。这种服务可以根据读者的兴趣爱好、阅读历史、行为习惯等因素,推荐满足其需求的图书资源,提高读者的阅读满意度和黏性。

最后,知识图谱可以通过对馆藏资源的深度整合和优化,提高图书馆的管理效率和运营水平。例如,通过对馆藏资源的数字化处理和元数据提取,实现资源的统一管理和检索,提高管理效率;通过对读者行为数据的分析,了解读者的需求和反馈,及时调整和优化服务策略,提高图书馆的运营水平。

(二)知识图谱在图书馆中的应用方式

1. 个性化推荐

个性化推荐是知识图谱在图书馆中应用的重要方式之一。通过个性化推荐,图书馆可以向读者推荐他们可能感兴趣的书籍、文章、视频等资源,从而提供更加个性化的服务,提高读者的满意度和阅读体验。

在实现个性化推荐时,知识图谱可以发挥重要作用。首先,知识图谱可以整合图书馆的资源信息,包括书籍、文章、视频等资源的作者、主题、分类等信息,以及读者对资源的评价和借阅记录等。通过对这些信息的整合和分析,知识图谱可以了解读者的兴趣爱好和阅读习惯,从而为读者提供更加精准的推荐。

其次,知识图谱可以通过对资源的关联分析和相似性分析,发现不同资源之间的联系和相似之处,从而为读者提供更加多样的推荐选项。例如,如果一个读者经常借阅关于人工智能的书籍,那么知识图谱可以向该读者推荐与人工智能相关的文章、视频等资源,以及与人工智能相关的其他书籍。

最后,知识图谱可以根据读者的借阅历史和评价记录等信息,为读者提供个性化的阅读建议和阅读推荐。例如,如果一个读者刚刚借阅了一本关于人工智能的书籍,那么知识图谱可以向该读者推荐其他与人工智能相关的书籍和文章,以及该作者的其他作品等。

2. 智能问答

知识图谱在图书馆中的应用意义重大。首先,通过提升图书馆的服务智能化水平,更好地满足用户需求,提高服务质量。其次,通过改善用户体验,吸引更多用户使用图书馆资源,提高图书馆资源的利用率。最后,通过优化馆藏资源布局,更好地管理图书馆资源,提高资源的利用效率。

在图书馆中,知识图谱的应用方式多种多样。其中,个性化推荐是一种重要的应用方式。通过分析用户的兴趣和行为,图书馆可以为用户提供更加精准的图书推荐服务。此外,智能问答也是知识图谱的一个重要应用。通过自然语言处理技术,图书馆可以实现智能问答,帮助用户快速解决问题。同时,知识图谱的构建与优化也是图书馆中知识图谱应用的重要环节。

在构建知识图谱的过程中,具体的实施步骤包括资源采集与整合、知识抽取与表示、知识图谱的存储与检索等环节。首先,图书馆需要采集和整合各种资源,包括图书、期刊、论文等。其次,通过对这些资源进行深度分析和处理,提取其中的知识元,并进行表示。最后,将知识图谱存储在高性能的存储设备中,并实现快速检索。

知识图谱在图书馆中的应用具有显著的优势和效果。首先,可以通过提高信息获取的效率与精准度,帮助用户加便捷地获取所需信息。其次,可以通过提升图书馆的智能化水平与服务质量,更好地满足用户需求。最后,可以通过促进学术交流与知识共享,推动学术进步和社会发展。

3. 知识图谱的构建与优化

知识图谱的构建与优化在图书馆中的应用具有重要的意义。首先,可以通过提升图书馆的服务智能化水平,更好地满足用户的需求,提高服务质量。其次,可以通过改善用户体验,增加用户对图书馆的满意度和忠诚度,提高用户黏性。最后,可以通过优化馆藏资源布局,更好地管理图书资源,提高图书的利用率和借阅率。在知识图谱的构建与优化方面,图书馆可以采用以下几种方式。

第一,个性化推荐。利用知识图谱技术,根据用户的兴趣爱好和借阅记录等信息,为用户推荐合适的图书资源,提高用户的阅读体验和满意度。

第二,智能问答。通过知识图谱的语义分析和自然语言处理技术,智能地回答用户的问题,提供更加准确和及时的帮助。

第三,知识图谱的构建与优化。通过对图书资源的深度分析和挖掘,构建更加完善和准确的知识图谱,提高资源的组织和检索效率。

在实施知识图谱的构建与优化的过程中,图书馆需要采取以下具体步骤。

第一,资源采集与整合。收集各种类型的图书资源,包括纸质书籍、电子书籍等,并将其整合成统一的格式和标准。

第二,知识抽取与表示。从采集的资源中提取有用的信息,并将其转化为计算机可理解的语言,知识图谱的模型和架构。

第三,知识图谱的存储与检索。将构建的知识图谱存储在计算机中,并设计高效的检索算法和工具,方便用户进行查询和使用。

第三节 智能搜索与推荐系统

一、个性化搜索体验

(一)个性化搜索体验的背景和意义

1. 智能搜索与推荐系统的概念

智能搜索与推荐系统是一种现代科技领域的产物,它利用人工智能技术,实现对海量数据的快速、准确、高效的搜索与推荐。这种系统被广泛地应用于电子商务、社交媒体、内容推荐等领域,成为信息时代不可或缺的一部分。

智能搜索与推荐系统的工作原理是基于人工智能算法,对用户行为和数据进行分析，从而为用户提供个性化的搜索和推荐结果。这些算法包括机器学习、深度学习、自然语言处理等，能够自动学习和优化搜索与推荐的策略，不断提高搜索与推荐的准确性和效率。

智能搜索与推荐系统的特点在于其能够自动化地处理大量数据，并根据用户的兴趣和行为进行个性化推荐。它不仅能够提供准确的搜索结果，还能够根据用户的兴趣和历史行为，推荐相关的内容或产品。这种智能化的推荐方式，能够提高用户的满意度和体验，同时也为企业提供了更高效的销售和营销方式。

智能搜索与推荐系统的应用范围非常广泛。在电子商务领域，智能搜索与推荐系统能够帮助用户快速找到所需商品，并根据用户的购物历史和浏览行为，推荐相关的产品，提高销售额。在社交媒体领域，智能搜索与推荐系统能够根据用户的兴趣和社交关系，推荐相关的内容和好友，提高用户黏性和活跃度。在内容推荐领域，智能搜索与推荐系统能够根据用户的浏览历史和兴趣，推荐相关的文章、视频、音乐等，提高用户的阅读体验。

2. 个性化搜索体验的背景

在当今这个信息爆炸的时代，人们对于获取信息的速度和准确性的要求越来越高。虽然传统的搜索引擎能够提供大量的信息，但无法满足用户精准、个性化的搜索需求。为了解决这一问题，个性化搜索体验应运而生。

个性化搜索体验的背景可以追溯到互联网的普及和发展。随着互联网技术的不断进步，人们可以轻松地在网上获取各种信息，包括新闻、商品、服务等各种类型。然而，如何在海量的信息中快速、准确地找到所需内容，一直是用户面临的难题。此外，随着人工智能和大数据技术的进步，企业和个人对数据分析和挖掘的需求也越来越高。个性化搜索体验正是基于这种需求而产生的。它可以通过对用户历史搜索记录、浏览行为等数据的分析，预测用户的兴趣和需求，从而提供更加精准的搜索结果。个性化搜索体验是基于互联网的普及和人工智能、大数据技术的发展。它旨在解决用户从海量信息中获取精准、个性化内容的难题，提高用户的搜索体验。

3. 个性化搜索体验的重要意义

随着互联网的普及和信息时代的到来，人们对信息的需求量越来越大，而搜索引擎成为获取信息的重要途径。然而，传统的搜索引擎往往只考虑关键词匹配的准确性和搜索结果的客观性，忽略了用户的个性化需求和搜索体验。因此，个性化搜索体验的重要意义逐渐凸显。

首先，个性化搜索体验可以提高用户的满意度。每个用户的兴趣、需求和行为习惯都是不同的，因此他们对于搜索结果的需求也有所不同。通过分析用户的搜索历史、浏览行为等信息，搜索引擎可以为用户提供更加精准、满足其个性化需求的搜索结果，从而使用户更快地找到所需信息，提高用户的满意度。

其次，个性化搜索体验可以提高搜索引擎的竞争力。在信息时代，搜索引擎之间的竞争越来越激烈，只有提供更好的搜索体验才能够吸引更多的用户。通过引入个性化搜索技术，搜索引擎可以更好地满足用户的个性化需求，提高搜索结果的精准度和实用性，从而提高用户对于搜索引擎的信任度和忠诚度，提高搜索引擎的竞争力。

最后，个性化搜索体验可以促进信息的有效传播。在传统的搜索引擎中，每个人的搜索需求不同，往往会出现一些无关紧要的信息干扰用户的判断。通过个性化搜索技术，搜索引擎可以筛选出与用户需求相关的信息，减少无关信息的干扰，从而使用户更快地获取所需信息，促进信息的有效传播。

（二）个性化搜索体验的核心技术

1. 基于用户画像的个性化搜索技术

随着互联网的普及和信息时代的到来，搜索引擎已成为获取信息的重要途径。然而，传统的搜索引擎往往只考虑关键词匹配和网页重要性等通用因素，忽略了用户个体的需求和偏好。为了解决这一问题，基于用户画像的个性化搜索技术应运而生。

用户画像是一种以用户为中心的数据分析工具，通过对用户行为、兴趣、需求等方面的数据进行收集和分析，刻画出一个个具有代表性的用户群体，并为每个群体提供定制化的服务和推荐。在个性化搜索中，用户画像可以帮助搜索引擎更好地理解用户的需求和偏好，从而提供更加精准的搜索结果。

基于用户画像的个性化搜索技术主要分为以下几个步骤。

第一，收集用户数据。通过分析用户的搜索历史、浏览记录、点击行为等数据，了解用户的兴趣、需求和偏好。此外，还可以收集用户的个人信息，如年龄、性别、职业等，以进一步丰富用户画像。

第二，建立用户画像。根据收集到的用户数据，建立具有代表性的用户画像。这些用户画像可以包括不同的特征，如兴趣爱好、职业领域、购买行为等。每个用户画像都具有自己的独特性和代表性。

第三，推荐引擎。通过分析用户画像和搜索关键词，推荐引擎可以为用户提供个性化的搜索结果。这些结果不仅包括传统的网页搜索结果，还包括与用户兴趣和需求相关的图片、视频、新闻资讯等。

第四，反馈机制。通过收集用户的反馈信息，不断优化推荐引擎的性能和提高个性化搜索的准确度。这些反馈信息可以包括用户的点击行为、评价和评分等。

基于用户画像的个性化搜索技术具有以下优势。

第一，提高搜索效率。通过为用户提供个性化的搜索结果，减少用户在海量信息中筛选的时间和精力，提高搜索效率。

第二，提高搜索准确度。通过对用户需求和偏好的深入了解，为用户提供更加精准的搜索结果，提高搜索准确度。

第三，提高用户黏性。通过为用户提供定制化的服务和推荐，提高用户的黏性，从而提高用户的满意度和忠诚度。

第四，促进信息消费。通过为用户提供更加个性化的搜索体验，促进信息的消费和传播，推动互联网经济的发展。

2. 基于自然语言处理的智能推荐技术

智能推荐技术是一种基于自然语言处理技术的个性化推荐系统，它能够根据用户的历史行为、兴趣偏好及文本语义信息，为用户推荐最合适的资源。在信息时代，智能推荐技术已经成为许多互联网公司实现个性化推荐服务的重要手段。

智能推荐技术主要依赖于自然语言处理技术，通过对文本进行分析和处理，提取出关键信息，并利用这些信息来建立用户画像和资源画像。其中，用户画像包括用户的兴趣偏好、行为习惯等，资源画像包括资源的主题、语义等。通过比较用户画像和资源画像，智能推荐技术可以找到最匹配的资源，并向用户进行推荐。

除了基于用户历史行为和兴趣偏好的推荐，智能推荐技术还可以根据文本语义信息来进行推荐。例如，对于一篇新闻文章，智能推荐技术可以提取文章的主题和关键词，并根据这些信息来推荐相关主题的新闻或文章。这种基于文本语义信息的推荐方法可以更加精准地满足用户的需求。

智能推荐技术在许多领域都有广泛的应用，如电商、新闻、音乐、电影等。通过智能推荐技术，电商网站可以向用户推荐最符合他们需求的商品，新闻网站可以向用户推荐最相关的新闻报道，音乐平台可以向用户推荐最符合他们审美的歌曲，电影平台可以向用户推荐最符合他们品味的电影。

3. 个性化搜索中的深度学习技术及应用

在信息时代，搜索引擎已成为获取信息的重要工具。然而，传统的搜索引擎往往只提供单一的、标准化的搜索结果，无法满足用户日益增长的个性化需求。为了解决这一问题，深度学习技术被引入个性化搜索领域。

深度学习技术是一种模拟人脑神经网络的机器学习方法。它通过对大量数据的训练，使计算机像人一样具有感知、思考和决策的能力。在个性化搜索中，深度学习技术的主要任务是理解用户的搜索意图，并根据用户的兴趣、背景和行为习惯等因素，搜索最符合用户需求的结果。

个性化搜索中的深度学习技术主要涉及以下几个方面。

第一，用户画像。通过对用户的浏览记录、搜索历史、购买行为等数据进行挖掘和分析，形成用户画像，包括用户的性别、年龄、职业、兴趣爱好等信息。这些信息将用于指导搜索引擎的个性化推荐。

第二，语义理解。深度学习技术可以分析用户的搜索语句，理解其背后的真实需求。例如，对于同一个关键词，不同的人可能有不同的理解和意图，如"苹果"既可以指水果，也可以指某公司或产品名称。通过语义理解技术，搜索引擎可以为用户提供更准确的搜索结果。

第三，排序优化。在个性化搜索中，排序算法是关键之一。深度学习技术可以根据用户的兴趣和历史行为，对搜索结果进行个性化排序。例如，对于经常搜索旅游信息的用户，旅游相关的结果可能会排在更靠前的位置。

第四，实时更新。随着时间的推移和用户行为的变化，个性化搜索的结果也需要不断更新和调整。深度学习技术可以实时分析用户的最新数据，更新用户画像和推荐模型，以保证搜索结果的准确性和时效性。

除了在搜索引擎上的应用，深度学习技术在个性化推荐系统、智能助理、智能家居等领域也有广泛的应用。例如：在个性化推荐系统中，深度学习技术可以根据用户的浏览历史和购买行为，为用户推荐最符合其兴趣的商品或内容；在智能助理中，深度学习技术可以根据用户的语音或文字输入，提供个性化的建议和信息；在智能家居中，深度学习技术可以根据用户的作息时间和环境数据，自动调整家居设备的运行状态和参数。

二、推荐系统在智慧城市中的作用

（一）推荐系统作为智慧城市的重要组成部分

推荐系统作为智慧城市的重要组成部分，在智慧城市的建设和发展中发挥着越来越重要的作用。随着城市化的不断推进，城市居民的生活方式、消费习惯和需求也日益多样化，推荐系统可以为城市居民提供更加个性化和更精准的服务和产品推荐。

在智慧城市中，推荐系统可以应用于各个领域，例如：在电商平台上，推荐系统可以为消费者推荐符合其兴趣和需求的商品；在新闻资讯平台上，推荐系统可以为用户推荐与其历史浏览记录和兴趣相关的文章；在视频平台上，推荐系统可以为用户推荐与其历史观看记录和兴趣相关的视频；等等。

推荐系统的核心在于利用数据分析和机器学习技术，对用户的行为和兴趣进行分析和预测，从而为用户提供更加个性化和更精准的服务和产品推荐。在智慧城市中，推荐系统可以利用城市的各种数据资源，如用户的消费记录、行为轨迹、社交网络等，从而为用户提供更加全面和准确的服务和产品推荐。

在智慧城市中，推荐系统的发展也面临着一些挑战和问题，如数据隐私和安全问题、算法的准确性和透明度问题等。因此，在推荐系统的设计和应用过程中，需要注重保护用户的隐私和安全，同时也需要不断提高算法的准确性和透明度，从而为用户提供更加可信的服务和产品推荐。

（二）推荐系统在智慧城市中的功能和作用

随着科技的不断发展，智慧城市的概念越来越受到关注。智慧城市是通过各种先进技术和手段，将城市的各个领域紧密地连接在一起，实现城市管理的智能化、高效化和可持续。在这个过程中，推荐系统作为一种重要的智能化技术，发挥着越来越重要的作用。推荐系统是一种基于数据分析和机器学习的技术，通过分析用户的行为和兴趣及商品或服务的属性等，为用户提供个性化的推荐服务。推荐系统的应用范围非常广泛，包括电商、电影推荐、音乐推荐、阅读推荐等。在智慧城市中，推荐系统也被广泛地应用于各种场景，如旅游推荐、文化活动推荐、公共交通推荐等。

1. 推荐系统在智慧城市中的功能

第一，信息推荐。推荐系统可以根据城市居民的喜好和需求，为他们推荐相关的信息，如新闻、交通信息、旅游资讯等。这样可以让城市居民更方便地获取所需的信息，提高生活的便利性。

第二，决策支持。推荐系统可以分析城市的历史数据和实时数据，为政府决策者提供有价值的信息和建议，有助于决策者更好地了解城市的发展状况，制定出更合理、更科学的政策。

第三，公共服务优化。推荐系统可以根据城市居民的使用习惯和反馈，优化公共服务的提供方式和质量。例如，可以根据居民的反馈和需求，调整公共交通线路、优化公园设施等。

2. 推荐系统在智慧城市中的作用

第一，提高城市管理的效率。在智慧城市中，推荐系统被广泛应用于城市管理的各个领域，如公共交通、城市规划、环境保护等。通过分析大量的数据，推荐系统能够为城市管理者提供决策支持，提高城市管理的效率和质量。例如，可以通过分析用户的出行数据，预测交通流量和拥堵情况，为城市规划提供参考。

第二，提高城市居民的生活质量。推荐系统可以为城市居民提供个性化的服务，如旅游推荐、文化活动推荐、公共交通推荐等。通过这些服务，城市居民可以更加便捷地获取各种信息和服务，提高生活质量。例如，通过旅游推荐系统，居民可以了解当地的旅游景点和活动，更好地规划自己的旅游行程。

第三，促进城市的可持续发展。推荐系统可以促进城市的可持续发展。例如，可以通过分析用户的消费行为和习惯，为用户提供更加环保和健康的消费建议，促进绿色消费的发展。此外，推荐系统可以为城市规划者提供环保和节能方面的参考，促进城市的可持续发展。

第三章　跨界合作的数字化服务模式

第一节　行政机构与图书馆的合作

一、数据共享与城市规划

（一）数据共享在城市规划中的应用

1. 数据共享的概念及其重要性

随着信息技术的飞速发展，数据已经成为企业、组织和社会的重要资产。然而，数据的价值不仅仅在于其数量和准确性，更在于其被充分利用和共享的程度。数据共享是指在不同领域、不同部门、不同机构之间，将数据作为一种共享资源进行传递和使用的行为，它对于提高工作效率、推动科技创新、促进社会进步等方面都具有非常重要的意义。

首先，数据共享可以显著提高工作效率。在企业和组织中，不同部门和团队通常需要使用相同或类似的数据进行业务处理和分析。如果这些数据分散在不同的系统和部门，获取和使用这些数据需要耗费大量的时间和精力。而数据共享可以将这些数据集中起来，方便不同部门和团队获取和使用，减少重复劳动和浪费，从而提高工作效率。

其次，数据共享可以推动科技创新。在科学研究领域，许多研究项目需要使用大量的数据进行分析和研究。如果这些数据分散在不同的机构和研究者手中，不仅会浪费资源，还会阻碍研究的进展。而数据共享可以将这些数据集中起来，方便研究者之间交流和使用，促进数据的重复利用和创新应用，从而推动科技创新。

最后，数据共享可以促进社会进步。在公共领域，许多数据涉及社会管理和公共服务等方面。如果这些数据不能得到充分的共享和使用，将会导致政府决策的不准确和社会服务的不完善。而数据共享可以将这些数据开放给更多的公众和使用者，方便人们获取和使用这些数据，提高政府决策的准确性和公共服务的质量，从而促进社会进步。

2. 数据共享在城市规划中的实际应用

在城市规划中，数据共享的重要性日益凸显。通过数据共享，城市规划者可以获得更全面、准确的数据，以便更好地了解城市的现状和未来的发展趋势。以下是数据共享在城市规划中的实际应用。

（1）共享地图数据

地图数据是城市规划中非常重要的一个方面。通过共享地图数据，规划者可以更好地了解城市的地理特征、建筑物分布、交通状况等信息。这些信息可以帮助规划者确定城市的发展方向和重点发展区域，为城市规划提供重要的参考。

（2）共享人口数据

人口数据是城市规划中必须考虑的因素之一。通过共享人口数据，规划者可以了解城市的人口规模、人口结构、人口变化趋势等信息。这些信息可以帮助规划者确定城市的人口承载能力、公共设施需求等，为城市规划提供重要的依据。

（3）共享交通数据

交通数据是城市规划中不可或缺的一部分。通过共享交通数据，规划者可以了解城市的交通状况、交通拥堵情况、公共交通使用情况等信息。这些信息可以帮助规划者确定城市的交通发展战略、道路网络规划等，为城市规划提供重要的支撑。

（4）共享环境数据

环境数据是城市规划中必须考虑的因素之一。通过共享环境数据，规划者可以了解城市的环境质量、气候变化、水资源状况等信息。这些信息可以帮助规划者确定城市的环境保护策略、资源利用方式等，为城市规划提供重要的参考。

3.数据共享对城市规划的影响及作用

在数字化时代，数据已经成为城市规划中不可或缺的要素。数据共享不仅为城市规划提供了更加准确、全面的信息，还为城市规划者和决策者提供了更加有效的工具和方法，对城市规划产生了深远的影响和作用。

（1）数据共享提高了城市规划的准确性和全面性

数据共享通过整合来自不同领域、不同部门、不同渠道的数据，为城市规划提供更加全面、准确的信息。这些数据包括但不限于人口统计、交通流量、空气质量、建筑物信息等，这些数据的获取和分析对于城市规划的准确性和全面性至关重要。例如，通过对城市交通流量数据的分析，规划者可以更加准确地确定城市交通拥堵的区域和原因，从而制定更加有效的交通疏导方案；通过对空气质量数据的分析，规划者可以更加准确地了解城市空气污染的情况和原因，从而制定更加有效的环境保护方案。

（2）数据共享提高了城市规划的效率和效果

数据共享通过提供更加高效、便捷的数据获取和分析工具，为城市规划者和决策者提供了更加有效的工具和方法，提高了城市规划的效率和效果。这些工具和方法包括但不限于大数据分析、人工智能、地理信息系统（GIS）等，这些技术的应用可以帮助规划者更加快速、准确地了解城市的现状和未来趋势，从而制定更加科学、合理的规划方案。例如，通过应用大数据分析和人工智能技术，规划者可以更加快速、准确地预测城市的人口分布和交通流量趋势，从而制定更加科学、合理的城市规划方案。这些技术可以帮助规划者对城市的人口分布和交通流量进行精细化的预测，从而更好地掌握城市的发展趋势和变化。通过这些数据，规划者可以更加准确地评估城市的发展需求和问题，制定更加科学、合理的城市规划方案，提高城市的整体发展水平和居民的生活质量。此外，人工智能技术可以帮助规划者更好地了解和分析城市的人口分布和交通流量趋势，提供更加精准的建议和决策支持。这些建议和决策支持可以帮助城市规划者更好地应对城市发展中的各种挑战，提高城市规划的科学性和合理性。大数据分析和人工智能技术的应用可以帮助城市规划者更加快速、准确地预测城市的人口分布和交通流量趋势，提供更加精准的建议和决策支持，制定更加科学、合理的城市规划方案，提高城市的整体发展水平和居民的生活质量。通过应用 GIS 技术，规划者可以更加直观、清晰地展示城市规划方案和实施效果。GIS 技术可以将地理信息数据转化为三维模型，使规划者更加准确地评估规划方案的空间效果和实施的可能性。同时，GIS 技术可以提供多种分析工具，如地形分析、水文分析等，帮助规划者更好地了解城市自然环境和社会经济状况，为规划方案的制定提供更加科学和全面的依据。因此，应用 GIS 技术可以大大提高城市规划的效率和精度，使城市规划更加科学、合理和可持续。

（3）数据共享促进了城市各领域的协同发展

数据共享不仅对城市规划产生了深远的影响，发挥了重要的作用，还促进了城市各领域的协同发展。通过数据共享，不同领域、不同部门、不同群体之间的信息不对称和沟通障碍得以消除，推动各领域之间的协同合作和创新发展。例如，在城市交通规划中，数据共享可以促进交通管理部门、公安部门、城管部门之间的协同合作，共同解决城市交通拥堵问题；在城市环境保护中，数据共享可以促进环保部门、城市建设部门、公众之间的协同合作，共同保护城市的生态环境。

（4）数据共享推动了城市的可持续发展

数据共享通过提高城市规划的准确性和全面性，提高城市规划的效率和效果以及促进城市各领域的协同发展，推动了城市的可持续发展。通过数据共享，城市规划者和决策者可以更加科学、合理地配置城市的资源和发展空间，从而实现城市的可持续发展目标。例如，在城市生态规划中，数据共享可以了解城市的生态现状和未来趋势,从而制定更加科学、合理的生态保护方案;在城市经济发展中,数据共享可以了解城市的经济发展现状和未来趋势,从而制定更加科学、合理的经济发展规划。

数据共享对城市规划产生了深远的影响,在未来发展中,数据共享将继续发挥更加重要的作用。

(二)行政机构与图书馆的合作模式

1. 行政机构与图书馆的合作模式

图书馆作为社会公共文化服务体系的重要组成部分,担负着传播知识、传承文化、启迪智慧的重要使命。行政机构是社会管理和公共服务的重要载体,承担着维护社会秩序、推动经济发展、保障公共利益等职责。在新的历史时期,行政机构与图书馆之间的合作模式越来越受到关注和重视。随着信息技术的快速发展和人民群众对公共服务需求的不断增长,行政机构与图书馆之间的合作变得越来越紧密。一方面,图书馆需要借助行政机构的支持和引导,更好地发挥其社会公共文化服务职能;另一方面,行政机构需要图书馆的资源和服务,为其所管辖的领域和对象提供更为全面、高效的管理和服务。行政机构与图书馆的合作模式主要有以下几个方面。

(1)资源共享模式

行政机构与图书馆之间可以通过资源共享的方式实现合作。图书馆可以向行政机构提供其收藏的书籍、报刊、影像等资料,行政机构则可以向图书馆提供其管辖范围内的非保密性信息资料,如企业登记信息、统计数据等。通过资源共享,双方可以互相补充、互相借鉴,提高资源利用率和服务质量。

(2)服务协作模式

行政机构与图书馆之间可以通过服务协作的方式实现合作。例如,图书馆可以为行政机构提供信息咨询服务,帮助行政机构更好地了解社情民意;行政机构可以为图书馆提供政策支持和保障,推动图书馆事业的发展。此外,两者可以通过服务时间、服务人员的协调和共享,提高服务效率和质量。

（3）活动联动模式

行政机构与图书馆之间可以通过活动联动的方式实现合作。例如，两者可以联合举办读书活动、文化讲座、展览等，促进公共文化的普及和传播；可以联合开展社会教育、公民素养提升等活动，提高公众的综合素质和参与意识。通过活动联动，两者可以互相促进、互相补充，实现社会效益的最大化。

2. 行政机构和图书馆合作模式的优势和不足

行政机构与图书馆的合作模式，是指行政机构与图书馆之间建立的一种合作关系，旨在促进信息共享、提高公共服务质量和效率。这种合作模式具有以下优势。

一是促进信息共享。行政机构和图书馆都是各类信息的集散地，它们扮演着信息资源的收集、整理、存储和分发的角色。行政机构作为政府部门的代表，掌握着大量的公共信息资源，图书馆则是更为广泛的信息资源的聚集地，涵盖各种类型的书籍、期刊、报纸等。通过合作，行政机构和图书馆可以相互补充，更好地实现信息共享。行政机构可以将公共信息资源提供给图书馆，以供公众查阅，也可以从图书馆获取更多的非公共信息资源，以支持政府决策。图书馆则可以通过与行政机构的合作，更好地了解公众的需求和兴趣，优化信息资源的采购和收藏。这种合作不仅可以提高信息资源的利用效率，还可以促进政府与公众之间的信息交流和互动。行政机构可以通过图书馆这个平台，更好地向公众传达政府的声音和政策，公众也可以通过图书馆这个渠道，更好地了解政府的工作和政策。

二是提高公共服务的质量和效率。行政机构和图书馆的合作可以促进信息资源的整合和共享，提高公共服务的质量和效率。例如，图书馆可以提供更多的文献资源和服务，行政机构可以提供更多的政策信息和业务指导，从而更好地满足公众的需求。

三是增强社会影响力。行政机构和图书馆的合作是一项非常重要的举措，可以显著增强各自的社会影响力，并提高社会对它们的认可度和信任度。

通过合作，行政机构能够更好地了解民众的需求和关切，为民众提供更优质的服务，同时能提高其在社会中的形象和地位。图书馆则可以通过与行政机构的合作，扩大其服务范围、增强影响力，更好地满足社区的需求，提高其在社区中的地位和信誉。这种合作是一种双赢的关系，可以带来许多积极的影响，包括提高公共服务的质量和效率、促进社区发展、增强公民的参与度和信任感等。因此，相关部门应该鼓励和支持行政机构和图书馆之间的合作，以获得更好的社会效益。然而，这种合作模式也存在以下不足。

一是缺乏统一的标准和规范。行政机构和图书馆的运作方式和业务范围确实存在很大的差异。行政机构主要关注的是政策制定、执行和监督，图书馆则更注重知识的收集、整理和传播。由于这种差异，双方在合作过程中可能会面临一些挑战。

首先，缺乏统一的标准和规范可能成为合作中的一大问题。由于双方的工作重点不同，行政机构和图书馆可能对于某些概念、流程或标准有着不同的理解和认知，这会导致双方在合作过程中产生误解或出现沟通不畅的情况。

其次，由于行政机构和图书馆的职责和业务范围不同，双方在合作过程中可能存在资源分配不均的问题。例如，行政机构可能拥有更多的资金和人力资源，而图书馆可能拥有更多的知识资源和专业技术，如果双方不能有效地协调和分配资源，合作效果可能大打折扣。

最后，行政机构和图书馆的合作效果不佳还可能与双方的态度和合作意愿有关。如果双方没有充分地认识到彼此的价值和重要性，或者对于合作的目的和意义的理解不够深入，可能导致合作进展缓慢或者合作效果不尽如人意。

二是信息隐私和安全问题。合作中涉及大量的个人信息和敏感信息，可能出现信息泄露等安全问题，给合作带来一定的风险。

三是合作成本较高。行政机构和图书馆的合作是一项非常重要的举措，但也需要投入大量的资源，包括人力、物力和财力。这种合作需要双方进行紧密的协调和沟通，以确保合作顺利。由于这种合作需要投入大量的资源，可能对行政机构和图书馆的财务状况造成一定的影响。如果投入的资源过多，可能导致行政机构和图书馆的财务负担过重，从而影响其可持续性。因此，双方需要在合作过程中密切关注财务状况，并采取必要的措施来确保合作的可持续性。行政机构与图书馆的合作模式具有促进信息共享、提高公共服务质量和效率等优势，但也存在缺乏统一的标准和规范、信息隐私和安全问题及合作成本较高等不足。在实践中，行政机构和图书馆需要针对具体情况进行评估和决策，以实现最佳的合作效果。

3. 探讨如何完善合作模式以更好地服务于城市规划

完善合作模式以更好地服务于城市规划，需要各方共同努力，构建一个有效的合作机制。具体可按照以下方式进行。

一是建立多学科团队。城市规划需要多学科的知识和技能，因此，需要建立一个由不同专业背景和领域的人才组成的多学科团队。这个团队包括建筑师、城市规划者、经济学家、社会学家、环境科学家等。通过跨学科的合作，可以更好地综合各方面的意见和建议，制定出更加科学、合理的城市规划方案。

二是加强沟通和协调。在城市规划过程中，各方之间的沟通和协调至关重要。需要建立一个有效的沟通机制，确保各方及时交流意见和想法，共同解决问题。可以定期举行会议、研讨会等，为各方提供交流和讨论的平台。

三是引入市场竞争机制。市场竞争是合作的重要动力。在城市规划中，可以通过引入市场竞争机制，鼓励各方开展合作。例如，可以通过公开招标的方式，让多家单位共同参与城市规划方案的制定和实施，从而促进各方之间的合作和竞争。

四是制定合作计划和协议。为了确保合作顺利进行，需要制定详细的合作计划和协议，包括明确各方的职责和义务、合作的时间和期限、知识产权的归属和使用等。通过制定详细的计划和协议，避免合作过程中的误解和纠纷。

五是加强监督和评估。在城市规划过程中,需要加强对合作方的监督和评估,确保合作的效果和质量。可以建立评估机制,定期对合作项目进行评估和审查,及时发现问题并采取措施加以解决。

完善合作模式以更好地服务于城市规划需要各方共同努力,建立有效的合作机制,加强沟通和协调,引入市场竞争机制,制定合作计划和协议,并加强监督和评估。只有这样,才能更好地满足城市发展的需求,提高城市规划的质量和效益。

二、行政决策的数字化支持

(一)数字化支持的实施与优化

1. 数字化支持的实施步骤

第一,确定决策目标。明确决策的目标和需求以及数字化支持的范围和重点。

第二,数据收集与分析。收集相关的数据和信息,进行分析和整理,以支持决策的制定。

第三,建立决策模型。利用数字化技术,建立决策模型,模拟决策过程,以帮助决策者进行决策。

第四,评估与优化。利用数字化技术,对决策进行评估和优化,以确保决策的正确性和有效性。

第五,实施与监控。将数字化支持应用于决策实施过程中并进行实时监控和调整,以确保决策的实施效果。

第六,反馈与改进。根据实施效果和反馈信息,对数字化支持进行改进和优化,以提高数字化支持的效率和准确性。

第七,持续更新与发展。随着技术和业务环境的变化,持续更新和发展数字化支持,以保持其适应性和有效性。

通过以上步骤,行政决策可以更好地利用数字化支持,提高决策的效率和准确性,以适应不断变化的环境、满足不同的需求。

2. 数字化支持的优化策略

随着科技的不断发展,数字化技术已经深入各个领域,包括行政决策。数字化支持可以为行政决策提供更加全面、准确、及时的信息,从而提高决策的科学性和有效性。

(1)建立数字化决策支持系统

行政决策数字化支持需要建立一个完善的决策支持系统。这个系统应该具备数据采集、数据处理、数据分析、模型构建、决策建议等功能。同时,该系统需要与现有的办公自动化系统、信息管理系统等相集成,实现数据的共享和交互。

(2)利用大数据技术

大数据技术是当前最为热门的技术之一,它可以为行政决策提供更加全面、细致的数据支持。通过大数据技术,人们对海量的数据进行实时处理和分析,从而为决策提供更加准确、及时的数据支持。此外,大数据技术可以对历史数据进行挖掘和分析,发现数据背后的规律和趋势,为决策提供更加深入的建议。

(3)引入人工智能技术

人工智能技术可以为行政决策提供更加智能化的支持。例如,通过自然语言处理技术,将自然语言转化为机器可读的语言,从而实现对文本、语音等信息的自动处理和分析。此外,人工智能技术可以通过机器学习、深度学习等技术,实现对数据的自动化分类、聚类、预测等功能,从而为行政决策提供更加智能、高效的支持。

(4)强化信息安全保障

虽然数字化支持带来了很多便利,但也存在一定的安全风险。因此,在优化行政决策数字化支持的策略时,需要强化信息安全保障。具体来说,可以通过加强数据加密、访问控制、权限管理等措施,确保数据的安全性和保密性。同时需要建立完善的安全管理制度和应急预案,确保数字化支持的安全性和可靠性。

（二）合作行政决策的数字化支持效果

1. 提高行政决策的效率和准确性

合作行政决策的数字化支持是一种强大的工具，可以提高行政决策的效率和准确性。通过使用先进的技术和数据分析工具，合作行政决策能够更快速、更准确地收集信息，并进行更准确的预测和决策。

首先，数字化支持可以提高行政决策的效率。通过使用自动化工具和人工智能技术，合作行政决策可以快速地收集和分析大量数据，从而节省时间和资源。此外，数字化支持可以通过使用在线协作工具和社交媒体平台，帮助行政决策者更方便地进行沟通和协作，从而节约时间和成本。

其次，数字化支持可以提高行政决策的准确性。通过使用大数据分析和机器学习技术，合作行政决策可以更准确地预测结果和趋势，从而做出更明智的决策。此外，数字化支持可以通过算法和模型等工具，对数据进行更深入的分析和研究，从而提供更准确的决策建议和支持。

最后，数字化支持可以提高行政决策的透明度和公正性。通过使用在线协作工具和社交媒体平台，行政决策者可以更方便地进行信息和意见的交流和分享，从而加深公众对决策过程的了解，提高公众参与度。此外，数字化支持可以通过算法和模型等工具，对数据进行更客观和公正的分析和研究，从而提供更准确、更公正的决策建议和支持。

2. 提升图书馆资源利用率

在数字化时代，图书馆资源的利用率得到了显著提升。其中，合作行政决策的数字化支持起到了关键的作用。

首先，数字化支持使图书馆资源的获取更加便捷。无论是书籍、期刊还是其他形式的文献资源，用户都可以通过图书馆的数字化平台进行检索和获取。这不仅避免了烦琐的手续，节约了时间和成本，还使资源获取不受时间、空间的限制。

其次，数字化支持提高了图书馆资源的利用率。通过数据分析技术，图书馆能够更好地了解用户的需求和兴趣，从而有针对性地采购和推荐资源。同时，数字化平台能实现资源的共享和协同利用，使多个图书馆或机构共享资源，避免重复采购，降低成本。

再次，数字化支持有助于提升图书馆服务的智能化水平。利用人工智能、机器学习等技术，图书馆可以为用户提供个性化的推荐服务，根据用户的阅读习惯和需求推荐相应的资源。这不仅能提高用户满意度，还能进一步提升资源的利用率。

最后，数字化支持有助于加强图书馆与用户之间的互动与沟通。通过一个高度数字化、智能化的平台，图书馆可以便捷地发布关于最新资源、活动等重要信息。这个平台不仅具备高效的信息发布功能，还能实时接收用户的反馈和建议，从而不断优化服务，提升资源利用率。在这个数字化时代，图书馆利用这一工具可以更好地与用户互动，满足他们的需求，提供更优质的服务。

3. 实现行政机构与图书馆的共赢

在当代社会，行政机构和图书馆虽然性质不同，但它们在为社会提供服务方面却有着共同的目标。行政机构以政策、法规等手段，维护社会的正常运转，图书馆则通过提供丰富的文献资源，满足公众的精神文化需求。两者合作，可以实现共赢。

首先，行政机构通过支持图书馆的建设和发展，提高了公众的文化素质和知识水平。图书馆作为知识的海洋，可以为公众提供各种学习资源，帮助他们获取新知识、新技能。同时，图书馆可以为行政机构提供政策、法规等方面的咨询服务，帮助公众更好地理解和遵守政策法规。

其次，图书馆通过与行政机构的合作，能更好地发挥其社会职能。行政机构拥有丰富的社会资源和管理经验，可以为图书馆提供人才、资金等方面的支持。同时，图书馆可以通过与行政机构的合作，拓展其服务领域和范围，提高服务质量。

最后，行政机构和图书馆的合作可以促进社会的和谐发展。图书馆作为公共场所，可以为公众提供交流、沟通的平台，增进人与人之间的了解和信任。行政机构可以通过制定公平、公正的政策法规，保障每个人的合法权益，促进社会的和谐稳定。

行政机构与图书馆的合作可以实现共赢。行政机构通过支持图书馆的建设和发展，提高了公众的文化素质和知识水平；图书馆通过与行政机构的合作，更好地发挥其社会职能；同时，两者的合作可以促进社会的和谐发展。未来，行政机构应该进一步加强与图书馆的合作，为实现社会的繁荣和发展做出更大的贡献。

第二节　企业合作与创新实践

一、利用企业资源拓展服务领域

（一）企业合作的重要性与机遇

1. 合作对企业发展的战略意义

合作对企业发展的战略意义体现在多个方面。首先，通过与其他企业或组织建立合作关系，企业可以共享资源、技术和经验，提高自身的竞争力和创新能力。例如，一家初创公司可以通过与行业领先公司建立合作关系，获得技术、资金和市场渠道等方面的帮助，加快自身的发展进程。

其次，合作可以促进企业间的知识共享和人才培养。通过与合作伙伴的交流和分享，企业可以学习其他企业的优秀实践和成功案例，进而提高自身的经营管理水平。同时，合作可以为企业提供更多的人才资源，增强企业的研发实力和技术创新能力。

再次，合作可以帮助企业拓展市场、扩大业务范围。通过与其他企业或组织建立合作关系，企业可以借助合作伙伴的渠道和资源，拓展自身的业务范围，提高市场占有率。例如，一家物流企业可以通过与电商平台合作，拓展自身的物流业务范围，为更多的消费者提供便捷的物流服务。

最后，合作可以为企业带来经济利益和商业机会。通过与其他企业或组织建立合作关系，企业可以获得更多的商业机会和市场份额，进而提高自身的经济效益和市场地位。例如，一家互联网企业可以通过与广告商合作，获得更多的广告收入和商业机会，加快自身的发展进程。

合作对企业发展的战略意义非常重大。通过建立合作关系，企业可以共享资源，提高竞争力，促进知识共享和人才培养，拓展市场和业务范围，给企业带来经济利益和商业机会。因此，企业在制定发展战略时应该充分考虑合作的重要性和作用，积极寻求合作伙伴并建立良好的合作关系，以实现自身的可持续发展。

2. 合作给企业带来的机遇和挑战

随着全球化的不断深入，企业间的合作已经成为一种必然趋势。通过合作，企业可以获得更多的资源、技术和市场优势，从而提升自身的竞争力。然而，合作也带来了一些挑战，如协调、沟通、利益分配等问题。下面将从机遇和挑战两个方面来探讨合作对企业的影响。

（1）机遇

其一，资源共享。通过合作，企业可以共享合作伙伴的资源，如人力、物力、财力等，从而降低自身的成本，提高生产效率。同时，合作伙伴可以借助这些资源来拓展自己的业务范围，实现双赢。

其二，技术交流。合作可以促进企业间的技术交流，企业能够学习合作伙伴的先进技术和管理经验，从而提升自身的技术水平和管理能力。同时，合作伙伴可以借助这些技术来优化自己的产品和服务，提高市场竞争力。

其三，市场拓展。通过合作，企业可以借助合作伙伴的市场网络和渠道来拓展自己的销售渠道，提高市场份额。同时，合作伙伴也可以借助企业的品牌和产品优势来拓展自己的市场范围。

其四，风险降低。合作可以分散企业的风险，企业能够借助合作伙伴的力量来应对市场变化和不确定性因素。同时，合作伙伴可以借助企业的资源和经验来降低自身的风险。

（2）挑战

其一，协调难度。合作需要企业间进行密切的协调和沟通，以实现资源和信息的共享与协同。然而，在实际操作中，往往存在信息不对称、沟通障碍等问题，导致协调难度较大。为了确保合作顺利进行，企业需要建立有效的沟通机制和协调机制。这些机制应包括定期会议、电话会议、电子邮件沟通等，以确保合作伙伴之间保持密切联系，及时解决问题，共同推进合作。此外，企业需要建立一套有效的信息共享机制，以避免出现信息传递不及时、不准确等问题，提高合作效率。通过这些措施，企业可以更好地实现合作目标，取得更好的效果。

其二，利益分配。在商业合作中，企业间经常需要进行利益的分配和调整。然而，由于各方参与合作的动机、需求和期望不同，利益分配往往不均等，这可能导致合作关系紧张，甚至出现破裂。为了确保合作关系的稳定和持续发展，企业在合作前需要充分考虑并制定合理的利益分配方案。制定合理的利益分配方案需要企业进行深入的分析和研究。首先，企业需要明确自身的利益诉求和优先级，同时了解合作方的利益需求和期望。其次，企业需要就合作的具体事项、责任和义务进行协商和分配，使各方的权益得到公平的保障。最后，企业需要充分考虑市场行情、行业惯例、法律法规等因素，确保制定的利益分配方案既符合市场规律又符合法律法规。

此外，企业需要在合作过程中不断关注利益分配方案的实施情况，及时调整和修正方案中存在的问题和不合理之处。同时，企业需要建立健全沟通机制和协调机制，确保合作过程中出现的问题得到及时的解决，避免因沟通不畅或利益冲突而影响合作关系。

其三，文化差异。企业间存在文化差异是不可避免的，这些差异往往导致企业间的理念、价值观、行为准则等方面存在显著的区别。这些差异不仅可能影响双方的合作进程，还可能引发误解和冲突，从而损害双方的合作关系。因此，企业在选择合作伙伴时，需要充分了解对方的文化背景和价值观，以便更好地理解彼此的立场和期望。通过深入了解对方的文化特点，企业可以更好地适应和应对合作过程中可能出现的文化冲突和挑战，从而确保合作顺利进行。

合作给企业带来了很多机遇和挑战。要想取得成功，企业需要充分认识合作的重要性，认真分析合作的利弊得失，采取有效的措施应对合作中可能出现的困难和挑战，抓住机遇，实现互利共赢的发展目标。

（二）利用企业资源拓展服务领域的策略与方法

1. 深入挖掘企业现有资源优势，提升服务质量和效率

深入挖掘企业现有资源优势，提升服务质量和效率，是企业发展的重要方向。在市场竞争日益激烈的今天，企业必须充分利用自身的资源优势，不断提高服务质量和效率，才能在市场中立于不败之地。

首先，企业应该对自身的资源优势进行深入的分析和了解。不同的企业拥有不同的资源优势，如人才、技术、品牌、资金等。企业应该根据自身的实际情况，找出自身的优势所在，并制定相应的战略，以充分发挥这些优势。

其次，企业应该注重提升服务质量。服务质量是客户体验的关键因素，也是企业赢得客户信任和忠诚度的关键。企业应该从客户的需求出发，注重服务的细节和体验，不断提高服务的质量和水平。同时，企业还应该建立完善的客户服务体系，及时解决客户的问题，了解客户的反馈，以提高客户的满意度和忠诚度。

最后，企业应该注重提高效率。效率是企业发展的重要保障，也是企业提高竞争力的重要因素。企业应该通过优化流程、提高管理效率、引入先进技术等方式，不断提高工作效率，降低成本，提高企业的盈利能力和市场竞争力。

2. 通过合作共享资源，拓展服务领域和市场空间

通过合作共享资源，拓展服务领域和市场空间，已成为当下企业发展的

必经之路。在这个充满竞争的时代，单打独斗已经无法应对市场的挑战，只有通过合作共享资源，才能更好地拓展服务领域和市场空间。

在传统模式下，企业之间的竞争往往是零和博弈，你死我活。但是，在现代社会，越来越多的企业开始意识到通过合作共享资源，可以实现双赢甚至多赢。这种合作模式不仅有利于企业自身的发展，还有利于整个行业的发展。

比如，在电商领域，虽然传统的电商平台竞争非常激烈，但是可以通过合作共享资源，将各个平台的优势整合在一起，形成一个更加完善的电商生态圈。这样，不仅可以提升用户体验和满意度，还可以更好地满足商家的需求。

同样，在金融领域，传统的银行之间竞争也非常激烈，但是我们可以通过合作共享资源，将各个银行的优点结合在一起，构建更加完善的金融服务体系。这样，不仅可以提高服务效率和质量，也可以更好地满足客户的需求。

在拓展服务领域和市场空间方面，合作共享资源也具有非常重要的作用。比如，企业可以通过与其他企业合作，共享资源和技术，开发出更加先进的产品和服务，从而拓展新的市场空间。同时可以通过与其他企业合作，共享渠道和营销资源，增加产品的销售量，增强企业影响力。

3. 创新服务模式，满足客户需求并创造新的价值

在当今竞争激烈的市场环境中，企业需要不断创新服务模式，以满足客户需求并创造新的价值。这不仅需要敏锐的洞察力，更需要灵活的思维方式和创新的手段。

首先，企业需要了解客户的需求和期望。通过深入市场调研和客户访谈，收集客户反馈，分析客户的需求和行为，从而确定目标客户群体和提供服务的方式。同时，企业需要关注竞争对手的动态，了解竞争对手的服务模式和优劣势，从中汲取经验、汲取教训，不断优化自身的服务模式。

其次，企业需要打破传统思维模式的束缚，以更开放的心态和更广阔的视野去思考创新服务模式的可能性。例如，可以通过引入新技术、新理念、

新模式等手段，将服务变得更加智能化、高效化、个性化，从而提升客户的体验感和满意度。同时，企业可以通过跨界合作、资源共享等方式，与合作伙伴创新的服务模式，实现共赢。

最后，企业需要注重人才培养和团队建设。只有拥有一支具备创新意识和实践能力的人才队伍，才能不断推动服务模式的创新和发展。同时，企业需要建立良好的激励机制和企业文化，鼓励员工积极探索、尝试新的服务模式，为企业的创新发展提供源源不断的动力和支持。

创新服务模式是企业持续发展的关键。只有不断创新服务模式，满足客户需求并创造新的价值，才能在激烈的市场竞争中立于不败之地。

二、共建数字化文化产业生态

（一）数字化文化产业生态建设

1. 数字化文化产业的发展趋势

数字化文化产业，已经成为当今社会不可忽视的重要领域。随着科技的进步和互联网的普及，文化产业正在经历前所未有的变革。数字化技术对文化产业的影响，不仅改变了文化产品的生产、传播和消费方式，还推动了文化产业自身的转型升级。

首先，数字化技术使得文化产品的生产更加高效、智能化。传统的文化产品制作过程往往需要大量的人工精细化加工，而数字化技术可以通过计算机辅助设计、3D 打印等技术手段，实现文化产品的快速、高效、智能化生产。这种生产方式的变革，不仅大大提高了文化产品的生产效率，还降低了生产成本，消费者能够享受到高品质的文化产品。

其次，数字化技术改变了文化产品的传播方式。在数字化时代，人们可以通过互联网随时随地获取信息、分享和交流思想。互联网的普及使文化产品的传播不再受时空的限制，人们可以通过网络直播、在线教育、数字图书馆等方式，轻松获取各种文化资源。同时，数字化技术使文化产品的传播更加多元化，例如，虚拟现实技术可以让观众身临其境地感受文化产品的魅力。

最后，数字化技术推动了文化产业的转型升级。数字化技术的运用使得文化产业实现了大规模定制化生产，根据消费者的个性化需求进行生产和服务。这种新的商业模式不仅提高了文化产业的附加值，还拓展了文化产业的业务领域和市场空间。例如，数字游戏、网络文学、虚拟偶像等新兴文化产业形态的兴起，为文化产业的发展注入了新的活力。

数字化文化产业的发展已经成为当今社会的必然趋势。数字化技术的运用将进一步推动文化产业的生产、传播和消费方式的变革，同时也将拓展文化产业的业务领域和市场空间。未来，数字化文化产业将在经济社会发展中扮演更加重要的角色，为人们带来更加丰富多样的文化体验和生活方式。

2. 数字化文化产业生态的构成要素

数字化文化产业生态的构成要素包括以下几个方面。

一是文化资源。这是构成数字化文化产业生态的基础，包括历史、文化遗产、民族文化、艺术、音乐、电影、书籍等，这些资源通过数字化技术被广泛地挖掘、整理、开发和利用，为文化产业提供了源源不断的素材和灵感。

二是创意阶层。在数字化文化产业生态中，创意阶层扮演着至关重要的角色，他们包括艺术家、设计师、音乐家、编剧、导演等，他们运用自己的才华和创意，不断创造独特的文化产品和服务。

三是数字技术和互联网。数字技术和互联网的发展为数字化文化产业提供了强有力的支持。数字技术使得文化资源的获取、处理和传播更加便捷、高效，互联网则使得文化产品和服务的生产和消费更加广泛和普及。

四是消费者和市场。消费者和市场是数字化文化产业生态的重要组成部分。消费者对文化产品和服务的消费需求不断推动着文化产业的发展和创新，市场则为文化产业创设了一个公平竞争的环境，使得优秀的文化产品和服务脱颖而出。

五是政策法规和制度环境。政策法规和制度环境对数字化文化产业生态的发展起着关键的引导和支持作用。政府通过制定相关政策和法规，为文化产业的发展提供了良好的环境和保障，同时鼓励和支持文化产业与科技、金融等领域的融合和发展。

这些构成要素相互依存、相互促进，形成了一个完整的数字化文化产业生态。在这个生态中，各个要素之间通过协同作用和创新机制，推动着数字化文化产业的发展和繁荣。

3. 数字化文化产业生态建设面临的挑战与机遇

随着科技的飞速发展和数字化时代的到来，文化产业正面临着前所未有的挑战与机遇。

（1）挑战

第一，技术更新迅速。随着数字化技术的日新月异，文化产业面临新的挑战和机遇。为了不断变化的市场需求，企业需要不断更新技术，以保持其竞争力和创新性。例如，虚拟现实和增强现实等新技术在文化产业的广泛应用，要求企业在技术投入方面不断升级，以提供更加丰富、逼真的用户体验和产品服务。这些新技术不仅为文化产业带来了更多的创意和可能，还提高了对企业的技术要求。虚拟现实技术可以提供身临其境的沉浸式体验，让观众更加深入地了解和感受文化产品；增强现实技术可以将虚拟元素与现实场景相结合，提供更加丰富、多元化的体验。为了满足这些技术要求，文化产业需要不断投入研发和技术更新。这不仅包括硬件设备的升级和换代，更包括软件技术的研发和创新。同时，企业需要加强与科研机构和高校的合作，引进先进的科技成果和人才，以推动文化产业的技术进步和发展。

第二，保护知识产权。在数字化环境下，盗版和侵权行为以更加普遍的形式出现，这些不法行为给文化产业造成了巨大的经济损失。随着科技的进步和互联网的普及，侵权者运用先进的技术手段复制、传播和销售盗版产品，严重侵犯了原创者的知识产权。这不仅损害了原创者的利益，还对整个文化产业造成了不可估量的损失，影响了其创新和发展。如何有效保护知识产权，是数字化文化产业生态建设面临的重要问题。首先，加强法律法规的制定和执行是关键。政府应完善并宣传数字版权法律，提高侵权行为的违法成本，同时为知识产权提供更加完善的法律保护。其次，提高公众的知识产权保护意识至关重要。通过教育、宣传等方式，公众能够解盗版和侵权行为的危害，树立尊重知识产权的意识。最后，鼓励创新和加强知识产权管理是解决这一问题的有效途径。文化产业应注重知识产权的管理和保护，通过建立知识产权管理体系、加强与科研机构合作等方式，推动技术创新和成果转化，提高文化产业的创新能力和竞争力。

第三，消费者行为变化。随着互联网和移动设备的广泛普及，消费者的消费行为发生了翻天覆地的变化。他们越来越倾向于在线上消费，这无疑对传统文化产业造成了巨大的冲击。然而，这种趋势也给数字化文化产业带来了前所未有的机遇。在这个高度互联的时代，消费者越来越依赖互联网和移动设备来获取各种信息和服务。这种趋势不仅改变了消费者的购买习惯，重塑了整个文化产业的市场格局。由于消费者更倾向于在线上寻找和购买文化产品，传统文化产业的生存空间受到了严重挤压。与此同时，数字化文化产业得益于技术的发展和创新，逐渐崭露头角。数字化技术不仅使得文化产品更加多样化和便捷化，还大大降低了生产成本、提高了效率。这意味着数字化文化产业可以提供更优质的产品和服务，满足消费者的多元化需求。

（2）机遇

第一，拓展市场空间。数字化技术以其高效、便捷和跨地域的特性，打破了地域限制，为文化产品进入全球市场提供了前所未有的便利。通过互联网和移动设备，这些文化产品得以迅速传播，进一步拓展了其市场空间。借助这些数字化工具，人们可以随时随地欣赏来自不同国家和地区的文化产品，从而更加深入地了解和体验其他国家和地区的文化。这种方式不仅促进了不同文化之间的交流和理解，也为文化产品提供了更广阔的发展空间和商业机会。

第二，创新商业模式。数字化技术为文化产业提供了更多创新的商业模式。例如，通过大数据分析，根据消费者需求进行精准营销；通过虚拟现实技术，为消费者提供沉浸式的文化体验。

数字化技术为文化产业带来了许多创新的商业模式，使文化产品和服务更加多样化、个性化，同时为企业带来了更多的商业机会和增长空间。通过大数据分析，企业可以收集和分析消费者在文化消费方面的数据，了解消费者的需求和偏好，从而制定更加精准的营销策略，实现精准营销。这种精准营销方式可以帮助企业更好地满足消费者的需求，提高消费者的满意度和忠诚度，进而提高企业的销售业绩和市场占有率。另外，虚拟现实技术，可以为消费者提供更加真实、沉浸式的文化体验。例如，在博物馆，观众可以通过虚拟现实技术身临其境地感受古代文明、重温历史等，增强观众的体验和认知。在游戏中，玩家可以通过虚拟现实技术更加深入地参与游戏情节，提高游戏的吸引力和趣味性。这些创新的体验方式可以吸引更多的消费者，提高文化产品和服务的附加值和市场竞争力。

第三，提高生产效率。数字化技术对于文化生产具有显著的影响，它可以有效提高效率和质量。通过先进的数字化编辑和校对系统，出版物的出版周期被大大缩短，节省了大量的时间和人力资源。此外，数字化排版和印刷技术的应用使得印刷质量得到了显著提高，文字更加清晰，版面更加美观。这些数字化技术的应用不仅提高了文化生产的效率和质量，也为文化产业的创新和发展提供了强有力的支持。随着科技的不断发展，数字化技术将在文化生产中发挥越来越重要的作用，为人们带来更加优质的文化产品和服务。

数字化文化产业生态建设面临诸多挑战和机遇。只有积极应对挑战，充分利用机遇，才能在激烈的市场竞争中立于不败之地。

（二）企业合作在数字化文化产业生态建设中的作用

1. 企业合作在数字化文化产业生态中的定位

在数字化文化产业生态中，企业合作扮演着至关重要的角色。随着技术的不断进步和市场竞争的日益激烈，企业合作已经成为文化产业发展的必然趋势。通过合作，企业可以共享资源、降低成本、提高效率，进而实现文化产业的可持续发展。

在数字化文化产业生态中，企业合作的具体定位如下。

其一，资源整合者。企业合作可以实现资源的共享和优化配置。通过与不同领域的企业建立合作关系，文化产业企业可以获得更多的资源支持，包括资金、技术、人才和市场渠道等。这些资源的整合有助于企业提高生产效率、降低成本、拓展市场，进而提升文化产品的质量和竞争力。

其二，创新推动者。企业合作可以促进技术创新和模式创新。在合作过程中，企业可以相互学习和借鉴，分享经验和知识，共同探索新的商业模式和盈利点。这种创新有助于文化产业企业适应市场变化，把握新的发展机遇，实现可持续发展。

其三，产业协同者。企业合作可以促进文化产业内部的协同发展。通过建立合作关系，不同类型的企业可以相互支持、优势互补，形成产业链上的良性互动。这种产业协同有助于提高文化产业的综合效益和整体竞争力。

其四，市场开拓者。企业合作可以拓展文化产品的市场空间。通过联合营销和渠道共享，合作企业可以扩大文化产品的覆盖面，提高市场占有率。同时，企业合作可以促进国际文化交流与合作，推动文化产业走向世界舞台。

在数字化文化产业生态中，企业合作是一种重要的战略手段和发展趋势。通过建立良好的合作关系，文化产业企业可以更好地适应市场环境、提高自身竞争力，为整个生态系统的繁荣和发展做出积极贡献。

2. 企业合作对数字化文化产业生态建设的推动作用

企业合作对数字化文化产业生态建设的作用日益凸显。随着数字技术的快速发展和普及，文化产业正面临着未有的机遇和挑战。在这个过程中，企业之间的合作成为推动数字化文化产业生态建设的重要力量。

首先，企业合作有助于优化资源配置。通过合作，企业可以共享资源，包括技术、人才、市场渠道等，从而降低成本，提高效率。同时，企业可以根据自身的优势和特长进行深度合作，共同研发新产品和服务，拓展市场空间，提高竞争力。

其次，企业合作有助于促进创新。在数字化文化产业生态建设中，创新是产业升级和发展的重要动力。企业合作可以促进不同企业之间的交流和合作，分享经验和知识，激发创新思维和灵感。同时，合作可以推动技术进步和产业升级，为数字化文化产业生态建设提供更好的技术支持和解决方案。

再次，企业合作有助于扩大品牌影响力。在数字化文化产业生态建设中，品牌影响力是衡量企业竞争力和市场地位的重要指标。企业合作可以增强品牌之间的联系和互动，扩大品牌的影响力和知名度。同时，合作还可以促进企业之间的文化交流和理解，增强文化认同感和归属感，有助于提升整个产业的形象和价值。

最后，企业合作有助于开拓国际市场。随着全球化的加速和文化交流的深入，数字化文化产业正面临日益激烈的国际竞争。企业合作可以加强与国际企业的联系和合作，共同开拓国际市场，提高我国数字化文化产业的国际竞争力。同时，合作可以促进文化交流和理解，推动中华文化的传承和发展。

企业合作对数字化文化产业生态建设具有积极的推动作用。通过优化资源配置、促进创新、扩大品牌影响力和开拓国际市场等手段，企业合作可以为数字化文化产业的发展注入新的活力。未来，随着数字化技术的不断发展和应用，企业合作在数字化文化产业生态建设中的地位和作用将更加凸显。

3. 企业合作中存在的风险与挑战

企业合作是一种常见的商业策略，通过与其他企业或机构共享资源、风险和利益，实现共同的目标。然而，企业合作也存在一些风险和挑战，主要如下。

一是合作伙伴选择不当。企业合作需要选择合适的合作伙伴，如果选择不当，可能面临诸如技术泄密、利益分配不均、管理风格不兼容等问题。因此，在选择合作伙伴时，需要进行充分的尽职调查，了解其背景、信誉、业务战略等方面的情况。

二是合同条款不明确。企业合作通常需要签订合同，明确双方的权利和义务。如果合同条款不明确，可能导致合作过程中的争议和误解。因此，在签订合同时，需要充分协商和明确各项条款，包括合作期限、利益分配、知识产权保护等。

三是企业文化差异。不同的企业可能有不同的企业文化和管理风格，这可能导致合作过程中出现摩擦和冲突。因此，在合作过程中，需要尊重对方的文化和管理风格，加强沟通和协调，以实现合作共赢。

四是技术泄密风险。企业合作涉及共享技术和商业秘密，如果保护不当，可能导致技术泄密。因此，在合作过程中，需要建立严格的保密协议和制度，加强对涉密人员的培训和管理。

五是市场竞争压力。企业合作可能面临市场竞争的压力，如竞争对手的打压、市场份额的争夺等，这可能导致合作企业的利益受损或合作关系破裂。因此，在合作过程中，需要加强市场调研和竞争分析，制定合理的商业策略和合作方案。

（三）共建数字化文化产业生态的路径与策略

1. 创设良好的企业合作环境

第一，建立合作伙伴关系。寻找具有共同目标和优势互补的企业建立合作伙伴关系，可以促进信息共享、技术交流、市场开拓等方面的合作，实现共赢。这种合作伙伴关系可以帮助企业相互支持，增强彼此的竞争力，并共同应对市场挑战。通过信息共享，企业可以更好地了解市场需求和趋势，制定更加精准的经营策略；通过技术交流，企业可以共同研发新产品或改进现有产品，提高企业的技术水平和市场竞争力；通过市场开拓，企业可以扩大销售渠道，提高市场份额，增加企业的收益和利润。这种合作伙伴关系还可以促进企业之间的文化交流和人员互动，增进企业之间的信任和友谊，为企业的长期发展奠定坚实的基础。

第二，加强沟通与协调。合作伙伴之间需要建立有效的沟通与协调机制，以确保合作顺利进行。这意味着合作伙伴需要保持及时、频繁和有效的沟通，以便共同解决合作过程中可能出现的各种问题和矛盾。为了确保沟通的有效性，合作伙伴需要相互理解、尊重和支持，并建立良好的协调机制，以便在合作中达成共识并共同推动合作的进展。通过有效的沟通与协调机制，合作伙伴可以避免因沟通不畅或缺乏协调而导致的合作中断或失败，从而确保合作顺利进行并取得成功。

第三，营造开放包容的文化氛围。鼓励不同文化背景、不同领域的合作伙伴共同交流，以增进相互之间的理解和信任，从而促进合作深入发展。这种交流可以促进文化多样性和跨领域合作，有助于创造更多的机会和可能。通过相互了解和尊重，合作伙伴可以更好地理解彼此的需求、优势和挑战，从而更好地协同合作，共同实现目标。这种交流可以为合作伙伴带来更多的启示和灵感，促进创新思维和合作成果的涌现。同时，这种交流可以建立长期的合作伙伴关系，为未来的合作打下坚实的基础。

第四，搭建公共服务平台。通过搭建一个集成的、开放的公共服务平台，有效地整合各种资源，包括但不限于技术、人力、物资等，从而降低整个产业生态的成本。这种做法不仅提高了合作伙伴的运营效率，推动了整个产业生态的良性发展。

该公共服务平台的特点在于具有高度的灵活性和可扩展性，能使企业能够快速响应合作伙伴的需求，为他们提供一站式的服务。这种服务模式消除了合作伙伴在不同平台间切换的困扰，为他们节省了大量的时间和精力。

此外，这个公共服务平台集成了多种功能，包括但不限于数据分析、项目管理、客户关系管理等。这些功能不仅为合作伙伴提供了全方位的支持，也使得合作伙伴之间的服务更加高效、便捷。

在搭建公共服务平台的过程中，应注重与合作伙伴的紧密合作，充分了解他们的需求和痛点。通过与合作伙伴共同研发，成功地解决了许多行业难题，为整个产业生态的发展提供了强有力的支持。

搭建公共服务平台，整合资源，降低成本，提高效率，为合作伙伴提供一站式服务，促进整个产业生态的良性发展，实现共赢。

第五，注重人才培养与引进。人们通过精心策划的培训、交流、实践等方式，致力于提高合作伙伴的综合素质和业务能力，为合作事业提供源源不断的高素质人才资源。人才是推动事业发展的关键力量，因此需要重视人才培养与引进，希望通过这种方式为合作伙伴提供更全面、更专业的支持，共同实现合作目标。

2. 推广创新实践，发挥其在数字化文化产业生态建设中的作用

在数字化文化产业生态建设中，创新实践的推广扮演着重要的角色。随着科技的不断发展，创新实践已经成为推动文化产业发展的关键因素。通过推广创新实践，人们可以有效地促进数字化文化产业生态建设，推动文化产业的可持续发展。

首先，创新实践可以提高文化产业的科技水平。在数字化文化产业生态建设中，科技是核心竞争力。通过引入创新实践，人们将最新的科技应用到文化产业，提高文化产业的科技水平。例如，人工智能、大数据等技术的应用，可以极大地提高文化产业的效率和质量，推动文化产业的发展。

其次，创新实践可以促进文化产业的转型升级。随着消费需求的不断变化，文化产业也需要不断转型升级，以适应市场的变化。通过创新实践的推广，人们可以推动文化产业向数字化、智能化方向发展，实现文化产业的转型升级。例如，数字音乐、网络剧等数字化文化产品的推广，可以极大地提高文化产业的附加值和市场竞争力。

最后，创新实践可以推动文化产业与科技的深度融合。在数字化文化产业生态建设中，科技与文化的深度融合是必然趋势。通过创新实践的推广，推动文化产业与科技的深度融合，实现文化产业与科技的协同发展。例如，虚拟现实技术的应用，可以带来全新的文化体验，推动文化产业的发展。

推广创新实践是数字化文化产业生态建设的重要途径。通过创新实践的推广，提高文化产业的科技水平，促进文化产业的转型升级，推动文化产业与科技的深度融合，实现文化产业的可持续发展。

3. 加强政策引导与支持，推动数字化文化产业生态的可持续发展

为了推动数字化文化产业生态的可持续发展，政府需要加强政策引导与支持。

首先，政府可以出台一系列针对数字化文化产业的扶持政策，包括财政资金投入、税收优惠、贷款利率减免等，以促进数字化文化产业的发展。

政府可以制定一系列详细的扶持政策，以促进数字化文化产业的发展。这些政策包括财政资金投入、税收优惠、贷款利率减免等，旨在为数字化文化产业提供全面的支持。这些政策的实施，可以使政府有效地推动数字化文化产业的发展，使数字化文化产业成为国家经济的重要组成部分。政府出台的扶持政策主要体现在财政资金投入方面。政府可以设立专项资金，用于支持数字化文化产业的发展，包括但不限于研发、生产、市场推广等方面。这些资金的投入可以有效地降低数字化文化企业的运营成本，增强其市场竞争力，从而推动整个产业的发展。此外，政府可以提供税收优惠政策，以鼓励更多的企业进入数字化文化产业领域。例如，政府可以对企业所得税、增值税等方面进行减免，以降低企业的税负，使其有更多的资金用于研发和市场推广；政府可以与金融机构合作，为数字化文化企业提供低利率的贷款服务，缓解企业在资金方面的压力，使其更好地专注于业务发展。

其次，政府可以加强数字化文化产业的基础设施建设，包括建设高速互联网、云计算中心、大数据中心等，以提高数字化文化产业的网络化水平和信息化程度。同时，政府可以鼓励企业加大对数字化文化产业的投资力度，以推动数字化文化产业的创新发展。

再次，政府可以加强对数字化文化产业的监管和管理，建立健全的法律法规体系，以保障数字化文化产业的安全和稳定发展。同时，政府可以引导企业和机构采用数字化技术手段，提高数字化文化产业的生产效率和质量。

最后，政府可以加强数字化文化产业的人才培养和引进，建立完善的人才培养体系和人才引进机制，以提高数字化文化产业的人才素质和人才水平，为数字化文化产业生态的可持续发展提供强有力的人才保障。

第三节　跨学科研究与智慧城市发展

一、学术研究与城市创新

（一）跨学科研究在智慧城市发展中的作用

1. 促进不同学科的交叉融合

智慧城市的发展离不开跨学科研究。随着城市的不断扩张和复杂化，城市发展所面临的挑战也日益多样化，这需要相关人员从多个学科的角度来寻找解决方案。跨学科研究能够促进不同学科之间的交叉融合，为智慧城市的发展提供更广阔的思路和更多的可能。

在智慧城市的发展中，计算机科学、工程、社会科学、环境科学、经济学等学科的知识和技能都是不可或缺的。计算机科学和工程为智慧城市的信息化和智能化提供了技术支持，社会科学和环境科学为城市规划和管理提供了理论指导，经济学为城市经济发展提供了支持。

通过跨学科研究，人们将这些不同学科的知识和技能整合起来，形成新的理论和方法，为智慧城市的发展提供更全面、更有效的解决方案。例如，在城市规划中，相关人员可以运用计算机科学和工程的知识来实现城市的信息化和智能化，也可以借助社会学和环境科学的知识来考虑城市居民的需求和城市的可持续发展。

此外，跨学科研究可以促进不同学科之间的交流和合作。通过合作，不同学科的专家可以相互学习、相互启发，共同解决智慧城市发展中的难题。这种跨学科的合作也能够促进科技创新和人才培养，为智慧城市的发展提供更强的动力和支持。

2. 推动智慧城市发展的技术创新

跨学科研究在智慧城市发展中扮演着重要的角色，它不仅推动了智慧城市发展的技术创新，还为智慧城市的规划、建设和运营提供了新的思路和方法。

在跨学科研究中，计算机科学、信息技术、人工智能、城市规划、土木工程、环境科学等多个学科的知识和技术相互融合，为智慧城市提供了更加全面和系统的解决方案。例如：计算机科学和信息技术在智慧城市的数据采集、处理和应用中发挥着关键作用；人工智能技术可以帮助实现智能化决策、智能化管理和智能化服务；城市规划和土木工程可以提供更加合理和可持续的城市空间布局和基础设施建设方案；环境科学可以提供更加环保和可持续的解决方案，促进城市的绿色发展。

跨学科研究的另一个重要贡献是推动智慧城市发展的技术创新。随着物联网、云计算、大数据、区块链等新技术的不断发展，跨学科研究可以促进这些技术的融合和创新，为智慧城市的发展提供更加先进和可靠的技术支持。例如：通过将物联网技术与城市基础设施相结合，人们可以实现智能化监测和管理，提高城市管理的效率和安全性；通过将云计算与大数据技术相结合，实现数据的高效处理和应用，为城市决策提供更加准确的数据支持；通过将区块链技术与智慧城市相结合，建立更加安全和可信的数据交换和共享机制，提高城市治理的透明度和公正性。

跨学科研究在智慧城市发展中扮演着重要的角色，它通过融合不同学科的知识和技术，为智慧城市的规划、建设和运营提供了更加全面和系统的解决方案，并推动智慧城市发展的技术创新。未来，随着新技术的不断发展，跨学科研究将继续为智慧城市的发展提供更加先进和可靠的技术支持。

3. 提升智慧城市的规划和管理水平

跨学科研究在提升智慧城市的规划和管理水平方面扮演着越来越重要的角色。随着城市化进程的加快，城市面临各种复杂的问题，如交通拥堵、环境污染、安全隐患等。跨学科研究能够综合运用不同学科的知识和方法，为城市规划和管理提供更加全面和有效的解决方案。

首先，跨学科研究有助于提高城市规划的科学性和前瞻性。城市规划需要综合考虑社会、经济、环境等多个方面的因素，而不同学科的研究成果可以为规划者提供更加全面的信息和分析。例如，GIS 技术可以用于分析城市空间布局和土地利用情况，为城市规划提供数据支持和空间分析工具；经济学的研究可以帮助人们了解城市经济发展的规律和趋势，为城市产业的布局和政策的制定提供参考。

其次，跨学科研究有助于提高城市管理的效率和精细化程度。城市管理需要应对各种复杂的社会问题，而不同学科的方法和工具可以为管理者提供更加有效的手段。例如：大数据技术和人工智能算法可以用于城市交通管理和公共安全预警，提高城市管理的智能化水平；社会学的研究可以帮助人们了解城市居民的需求和行为规律，为城市公共服务设施的布局和管理提供参考。

最后，跨学科研究有助于促进不同部门和领域的合作。城市规划和管理涉及多个部门和领域，如规划部门、建设部门、交通管理部门、环保部门等，跨学科的研究团队可以促进不同部门和领域之间的交流和合作，打破信息壁垒，提高决策效率。

跨学科研究在提升智慧城市的规划和管理水平方面具有巨大的潜力。通过综合运用不同学科的知识和方法，人们可以为城市规划和管理提供更加全面和有效的解决方案，提高城市发展的质量和可持续性。

（二）跨学科研究与智慧城市发展的融合模式

1. 建立跨学科的研究团队

在跨学科研究与智慧城市发展的融合模式中，建立跨学科的研究团队至关重要。这样的团队可以整合不同学科的专业知识和技能，为智慧城市的发展提供多维度的支持。

首先，跨学科的研究团队需要由来自不同学科背景的专家和学者组成。这些专家和学者应当具备与智慧城市相关的技术、经济、社会、环境等多方面的知识和技能。通过不同学科之间的交流和合作，打破单一学科的局限性，为智慧城市的发展提供更全面、更系统的解决方案。

其次，跨学科的研究团队应当注重协同创新。团队成员之间需要建立紧密的合作关系，共同开展研究工作，分享经验和知识。通过协同创新，产生新的思想和方法，为智慧城市的发展提供更多的创新驱动。

最后，跨学科的研究团队需要与政府、企业、社会等各方面建立紧密的合作关系。通过与各方的合作，更好地了解实际需求和应用场景，为智慧城市的发展提供更具有针对性和可操作性的建议和方案。

在跨学科研究与智慧城市发展的融合模式中，建立跨学科的研究团队是一个重要的环节。只有通过不同学科之间的交流和合作，以及与各方的紧密合作，才能更好地推动智慧城市的发展，为人类创造更加美好的未来。

2. 加强学术研究与实际应用的结合

第一，联合研究和项目实施。跨学科的研究团队可以与智慧城市领域的实践者合作，共同开展研究和开发项目。这种合作可以促进学术界和产业界的交流，加快技术转移和创新。

第二，实践导向的学术研究。鼓励学者以实际问题为出发点，开展实践导向的研究。这样的研究更具实用价值，可以直接为智慧城市的发展提供解决方案。

第三，学术界与政府合作。学术界和政府相关部门可以建立合作关系，共同研究智慧城市的发展策略。政府可以提供实际需求和政策支持，学者可以提供理论支持和研究成果。

第四，教育和培训。通过教育和培训，加深公众对智慧城市的认识和理解。这有助于达成共识，促进跨学科的合作，推动智慧城市的发展。

第五，创新平台和孵化器。建立创新平台和孵化器，为跨学科的研究团队提供支持和资源。这些平台可以促进创新思想的产生和实施，推动智慧城市的发展。

第六，综合性的学术期刊和会议。鼓励出版和举办综合性的学术期刊和会议，以促进跨学科的交流和合作。这可以为学者和实践者搭建一个共同的平台，以便他们分享研究成果和实践经验。

第七，研究资助和奖励。设立研究资助和奖励机制，以鼓励跨学科的研究和智慧城市的发展。这些资助和奖励可以针对个人或团队，以推动他们在这些领域做出卓越的贡献。

通过这些融合模式，人们可以更好地整合学术界和产业界的资源，推动智慧城市的创新和发展。

3. 推动"产、学、研"一体化的发展

随着科技的飞速发展和信息时代的到来，跨学科研究与智慧城市发展已经成为当今社会发展的重要趋势。两者之间的融合模式不仅有助于提升城市的智慧化程度，还有利于推动"产、学、研"一体化的发展。

智慧城市发展与"产、学、研"一体化是相互促进、共同发展的关系。一方面，智慧城市的发展需要大量的技术支持和创新思路，这需要高校和研究机构的科研支持；另一方面，智慧城市的发展又为"产、学、研"一体化提供了广阔的平台和资源。在"产、学、研"一体化方面，高校和研究机构通过与企业合作，将科研成果转化为实际的产品和服务，推动智慧城市的发展。同时，企业可以通过与高校和研究机构的合作，提升自身的技术水平和创新能力，增强市场竞争力。

二、跨学科合作面临的挑战与机遇

（一）跨学科合作中的挑战及原因分析

随着科技的不断发展，跨学科合作变得越来越重要。然而，在实际操作过程中，跨学科合作往往面临着诸多挑战。

1. 学科差异导致的沟通障碍

不同学科之间的语言、概念和思维方式存在较大差异，这使得学科之间的沟通比较困难。例如：在科学领域，科学家通常使用大量的专业术语和公式来表达思想；在人文社科领域，相关学者更注重文字表述和语境理解。这

种语言和思维方式的差异可能导致双方在交流中产生误解和困惑。

2. 研究方法和目标不同

不同学科的研究方法和目标存在较大差异。例如：自然科学领域通常以实验和观察为主要手段，追求的是普遍性和客观性；社会科学更注重案例研究和调查问卷，追求的是解释性和主观性。这种差异可能导致双方在合作过程中产生矛盾和冲突。

3. 资源分配不均

在跨学科合作中，不同学科之间往往存在资源分配不均的问题。某些学科可能在资金、设备、实验室等方面拥有更多的资源，其他学科则可能相对匮乏。这种资源分配不均可能导致合作中的不平等地位，进而影响合作。

4. 评价体系不同

不同学科的评价体系存在差异。例如：在学术界，自然科学领域的成果通常以论文影响因子和引用次数来评价；在人文社科领域，其成果更注重学术专著和教学成果。这种评价体系的不同可能导致双方在合作中产生分歧和矛盾。

5. 文化差异

不同学科的文化背景可能存在差异。例如：自然科学领域的学者通常注重实验验证和数据分析；人文社科领域的学者更注重思辨和理论构建。这种文化差异可能导致双方在合作中产生误解和不信任。

为了促进跨学科合作的顺利进行，需要采取以下措施：加强学科之间的沟通与交流；明确研究目标和预期成果；优化资源分配；建立统一的评价体系；促进文化融合；等等。只有不断努力和完善，才能实现跨学科合作的成功与繁荣。

（二）跨学科合作中的机遇及解决方案探讨

在跨学科合作中，机遇与挑战并存。这种合作方式可以带来不同学科之间的碰撞和交流，从而产生新的思想和创意。同时，跨学科合作可以解决单一学科无法解决的问题，提高解决问题的效率，增强效果。在跨学科合作中，不同学科之间的差异和隔阂是不可避免的。例如，不同学科的语言和概念可能不同，这可能导致沟通障碍。此外，不同学科的背景和思维方式可能不同，这可能影响合作的效果。为了解决这些问题，可以采取以下解决方案。

一是建立共同语言。在跨学科合作中，建立共同语言是非常重要的。可以通过定义概念和术语来建立共同语言。还可以通过学习和掌握其他学科的知识和技能来提高自己的跨学科能力。

二是尊重差异。在跨学科合作中，要尊重不同学科之间的差异和特点。可以通过了解其他学科的背景和思维方式来理解差异，同时可以通过寻找相似之处和共同点来促进合作。

三是建立合作机制。在跨学科合作中，建立合作机制是非常重要的。可以通过制定合作计划和签订协议来建立合作机制。此外，还可以通过建立合作平台和机制来促进不同学科之间的交流和合作。

四是培养人才。在跨学科合作中，培养人才是非常重要的。可以通过开设跨学科课程和培训计划来培养跨学科人才，还可以通过提供实践机会和研究基金来吸引和培养更多的人才。

跨学科合作是一种充满机遇和挑战的合作方式。通过建立共同语言、尊重差异、建立合作机制和培养人才等措施，人们可以促进不同学科之间的交流和合作，从而产生更多的创新成果。

第四章 社区参与的数字化服务体验

第一节 社区活动与数字化互动

一、利用社交媒体促进活动参与

（一）数字化互动的发展与社区活动

1. 数字化互动的普及及其对社区活动的影响

随着数字化互动的普及，社区活动也发生了巨大的变化。过去，社区活动通常需要面对面地进行交流和互动，如邻里间的聚会、社区论坛、兴趣小组等。然而，数字化互动的出现使得社区活动更加便捷和高效。

首先，数字化互动的普及使社区活动的范围更加广泛。人们可以通过互联网和移动设备随时随地参与社区活动，不受时间和地点的限制。这使得更多的人可以参与社区活动来，增强了社区的凝聚力和影响力。

其次，数字化互动使社区活动更加多样化。人们可以通过社交媒体、网络论坛、即时通信工具等渠道进行交流和互动，社区活动的形式更加多样和灵活。同时，数字化互动使社区活动更加有趣和生动，例如通过在线游戏、直播、虚拟现实等技术，让参与者有身临其境的体验。

然而，数字化互动的普及也给社区活动带来了一些负面影响。一方面，数字互动可能导致人们对真实世界的交流和互动产生距离感，影响人际关系的建立和维护；另一方面，数字化互动也可能导致信息的泛滥和误导，影响社区活动的质量和效果。

因此，在数字化互动普及的背景下，社区活动组织者需要更好地利用数字化互动的优势，同时需要注意其可能带来的负面影响。例如：可以在社区活动中设置一些面对面的交流环节，增强彼此的互动和信任；也可以加强对信息的审核和管理，避免信息的误导和泛滥。这样可以让数字化互动成为促进社区活动的积极因素。

2. 社交媒体在社区活动中的定位

随着社交媒体的普及，它已经成为人们日常生活中的重要部分。社交媒体不仅是一个交流工具，在社区活动中也扮演着关键的角色。

首先，社交媒体为社区活动提供了更广泛的宣传平台。人们可以通过社交媒体迅速分享和传播活动信息，将消息传递给更多的人。同时，社交媒体上的广告和推广也可以有效地吸引更多的参与者。

其次，社交媒体为社区活动提供了更有效的交流渠道。人们可以通过社交媒体进行在线讨论和交流，与其他参与者建立联系，分享经验和感受。这不仅可以增加参与者之间的互动，提高参与感，还可以帮助组织者更好地了解参与者的需求和反馈。

再次，社交媒体可以帮助社区活动建立更紧密的联系。人们可以通过社交媒体轻松地分享自己的生活经验和故事，与其他人建立联系。这种联系可以增强社区的凝聚力和归属感，使社区成员更加积极地参与社区活动。

最后，社交媒体可以为社区活动提供更多的创新机会。例如，人们可以通过社交媒体的直播功能，在活动中进行实时互动和分享，为参与者带来全新的体验。此外，社交媒体上的数据分析可以帮助组织者更好地了解活动的效果和影响，为未来的活动提供有价值的参考。

社交媒体在社区活动中发挥着重要的作用。它不仅可以扩大活动的宣传范围，提高活动的参与度，可以增强社区的凝聚力和归属感，为社区成员带来更多的创新机会。在未来，随着社交媒体的不断发展，它将在社区活动中发挥更加重要的作用。

（二）利用社交媒体促进社区活动参与

1. 运用社交媒体宣传社区活动

社交媒体是现代社会中重要的宣传渠道之一，它具有传播速度快、覆盖面广、互动性强等优点，可以为社区活动提供更广泛的宣传和更有效的推广。下面介绍几种运用社交媒体宣传社区活动的方法。

（1）制定宣传计划

在活动策划阶段，需要制定一份详细的宣传计划，充分考虑宣传的目标、受众、渠道、时间等方面的因素。在制定宣传计划时，需要深入了解活动的主题和目标，明确宣传的目的和重点，同时结合不同受众的特点和需求，制定有针对性的宣传策略和方案。

在制定宣传策略时，需要根据不同的社交媒体平台的特点。例如：在微博平台上，可以运用微博营销、微博推广等手段，通过发布活动海报、宣传视频、活动信息等方式，吸引粉丝的关注和参与；在微信公众号上，可以通过发布推文、活动介绍、邀请函等方式，吸引用户的关注和参与。同时需要根据不同渠道的特点和优劣势，选择合适的宣传渠道和方式。例如：在电视媒体上，可以投放广告或者以嘉宾访谈等方式进行宣传；在网络媒体上，可以通过新闻报道、微博营销、视频平台推广等方式进行宣传；在户外媒体上，可以通过 LED 显示屏等方式进行宣传。

（2）制作宣传海报和视频

宣传海报和视频是社交媒体宣传中重要的手段之一。通过精美的设计和创意的呈现，吸引众多用户的关注并激发他们的转发热情。这些宣传海报和视频在制作过程中，需要注重色彩搭配的协调性、图片选择的精准性及文字排版的艺术性。只有这样，才能更好地传递宣传内容，给用户留下深刻的印象。

在制作视频时，还需要注意节奏的把控和视觉效果的呈现。一个优秀的视频，其节奏应具有抑扬顿挫的特点，引发观众的情感共鸣。同时，视觉效果需要与主题相契合，以更好地展现宣传内容。通过对这些细节的把控，视频制作者可以制作出更加吸引人的宣传海报和视频，从而有效地增强社交媒体宣传的效果。

（3）运用话题标签和讨论组

在如今的社交媒体平台上，话题标签和讨论组已经成为用户之间不可或缺的交流和互动方式。这些功能不仅能让用户更方便地找到自己感兴趣的内容，还能让他们与志同道合的人进行深入的交流和互动。通过加入相关的话题标签，让更多的人看到发布者的活动信息。这些标签可以吸引那些对同一话题感兴趣的用户，让他们更容易发现发布者的内容。这些标签可以帮助发布者在平台上获得更多的曝光，让更多的人了解发布者的活动信息。加入讨论组也是用户之间互动的重要方式之一。在讨论组中，志同道合的用户可以进行深入的交流和互动，分享彼此的观点和经验。这些讨论组通常会围绕某个特定的话题展开，让用户可以更方便地与他人进行交流和互动。此外，通过加入相关的话题标签和讨论组，用户还可以获得更多的反馈和意见。这些反馈可以让发布者更好地了解用户的需求和想法，从而对活动做出相应的调整和改进。这些讨论组还可以提供更多的灵感和创新思路，让发布者的活动更加有趣和具有吸引力。

（4）与意见领袖合作

意见领袖是在社交媒体平台上拥有一定影响力和粉丝数量的人群，他们通过发布有价值、引人入胜的内容和信息，吸引更多的用户关注和转发。这些意见领袖通常具有独特的见解、丰富的经验和深厚的专业知识，能够以独特的视角和语言将信息传递给受众，并获得广泛的认可和信任。

通过与这些意见领袖合作，社区活动可以获得更多的曝光和推广。这些意见领袖的粉丝数量庞大，他们的信息和内容往往能够获得更广泛的传播，从而帮助社区活动扩大影响力，吸引更多的参与者。这些意见领袖还能够提供宝贵的建议和意见，帮助社区活动更好地满足参与者的需求，提高活动质量，增强活动效果。

在与意见领袖合作时，需要注意选择与自己社区活动主题和目标相符合的意见领袖，以确保信息的传递和推广效果达到最佳。同时需要为意见领袖提供充分的信息和支持，帮助他们更好地理解和推广社区活动。

（5）运用直播平台

直播平台新兴媒体形式，它可以通过直播的方式，让用户与主播进行实时互动和交流。在社区活动中，可以通过直播平台的方式，向用户展示活动的现场情况和互动环节，吸引更多的用户关注和参与。

运用社交媒体宣传社区活动需要制定详细的宣传计划，制作精美的宣传海报和视频，运用话题标签和讨论组，与意见领袖合作，以及运用直播平台等多种手段，同时需要根据不同的社交媒体平台的特点和受众群体，制定不同的宣传策略和方案，以达到更好的宣传效果。

2. 利用社交媒体平台进行线上互动

随着社交媒体平台的普及，越来越多的人开始利用这些平台进行线上互动。这些平台不仅可以帮助人们更好地了解彼此，还可以促进社交和商业活动的发展。

首先，社交媒体平台可以帮助人们更好地了解彼此。人们可以通过这些平台，分享自己的生活、兴趣爱好、想法和观点。他们也可以通过这些平台了解他人的生活和观点。这种互动可以促进彼此之间的了解和沟通，建立更紧密的联系。

其次，社交媒体平台可以促进社交和商业活动的发展。例如，一些社交媒体平台可以为企业提供广告服务，帮助他们将产品和服务推向更广泛的受众群体。这些社交媒体平台拥有庞大的用户基础和先进的广告投放技术，可以根据企业的需求和目标人群，精准地投放广告，从而提高品牌知名度和销售业绩。一些社交媒体平台也可以为个人提供赚钱的机会，如通过开设网店或提供专业服务等。这些社交媒体平台为个人用户提供了展示自己才能和技能的机会，吸引了大量的用户参与，具有较庞大的市场。个人用户可以通过这些平台展示自己的产品和服务，吸引更多的客户和粉丝，从而获得更多的收益。

此外，社交媒体平台可以为用户提供更多的信息和知识。例如，一些社交媒体平台提供了新闻、博客、视频和音频等内容，让用户可以轻松地获取最新的信息和知识。

利用社交媒体平台进行线上互动是一种非常有益的方式。它不仅可以促进人与人之间的联系和沟通，还可以为企业和个人提供更多的机会和价值。因此，越来越多的人开始利用社交媒体平台进行线上互动，并且这种趋势将保持下去。

3. 通过社交媒体收集活动反馈和改进意见

通过社交媒体收集活动反馈和改进意见是一种非常有效的方式，组织者可以更好地了解活动的效果和改进方向。

（1）制定明确的问题和目标

在收集反馈之前，需要明确想要了解的问题和目标，包括活动的组织、演讲者的表现、活动内容的质量等。确保问题具体、明确，以便收集到有用的反馈。

（2）发布活动反馈调查

在活动结束后，通过社交媒体发布一个简单的在线调查，询问参与者对活动的看法和反馈。可以使用问卷调查工具，如利用 SurveyMonkey 或 Google Forms 创建调查问卷。确保问题数量适中，不冗长，以便参与者轻松回答。

（3）鼓励参与者提供反馈

在活动期间和结束后，通过社交媒体向参与者宣传反馈调查。使用各种策略来鼓励他们参与，如提供小奖励来提醒他们反馈，这对活动的改进非常重要。此外，可以邀请一些活动参与者在社交媒体上分享他们的反馈和体验，以调动其他参与者的积极性。

4. 倾听并积极回应反馈

收集到反馈时要认真倾听并积极回应。无论是批评还是赞扬，都应该感谢参与者的反馈，并展示对他们的尊重和关注。对于活动的不足之处，可以向参与者表达歉意，并对如何改进未来的活动做出解释。

5. 及时总结和改进

收集到足够的反馈后，应及时总结并制定改进计划。将反馈中提到的问题进行分类，并确定优先级。根据问题的性质，采取适当的措施进行改进，如调整活动主题、优化日程安排或加强宣传等。

二、社区活动数字化管理

（一）社区活动数字化管理的必然性

1. 社区活动传统管理的局限

第一，手工操作。许多社区活动的管理仍然依赖于手工操作，不仅效率低下，还容易出错。例如，活动报名、活动安排、活动宣传等环节，如果采用手工操作，不仅耗费大量时间和人力，难以保证数据的准确性和一致性。

第二，缺乏灵活性。传统的社区活动管理方式往往缺乏灵活性，难以满足快速变化的活动需求。例如，如果需要临时更改活动时间或地点，传统的管理方式可能需要花费大量的时间和精力去调整和通知，现代技术手段可以轻松地进行实时更新，做到及时通知。

第三，缺乏互动性。传统的社区活动管理方式往往缺乏互动性，难以吸引更多的社区成员参与。如果只是通过海报或宣传单的方式进行活动宣传，很难引发社区成员的共鸣，很难激发他们的参与兴趣。而通过社交媒体、在线论坛等现代化交流平台可以更好地与社区成员进行互动，提高他们的参与度和积极性。

第四，缺乏数据分析。传统的社区活动管理往往缺乏数据分析，难以对活动效果进行科学的评估。如果只是通过简单的报名人数和参与人数来评估活动效果，很难全面了解活动的优点和不足之处，也无法为未来的活动提供有力的数据支持。

针对以上问题，我们可以采用现代化的技术手段，如云计算、大数据分析、社交媒体等，来提高社区活动管理的效率和灵活性。例如：可以通过开发社区活动管理系统，实现活动的在线报名、在线支付、在线宣传、在线评价等功能；还可以对活动数据进行实时分析和挖掘，为未来的活动提供数据支持。此外可以利用社交媒体等平台来加强与社区成员的互动交流，提高他们的参与度和积极性。

2.社区活动数字化管理的优势

第一，提高效率。数字化管理能够显著提高社区活动的组织和管理效率。通过在线平台或软件，快速创建、编辑和发布活动信息，方便、快捷地进行报名、缴费、签到等操作，避免传统方式下的烦琐流程，节省了大量时间和人力。

第二，扩大影响力。数字化管理能够将社区活动的影响力扩大到更广泛的范围。通过社交媒体、网络平台等渠道，迅速将活动信息传播到成千上万的人面前，吸引更多的参与者，提高活动的知名度，扩大影响力。

第三，增强互动性。数字化管理能够增强社区活动中的互动性。通过在线讨论、实时聊天、投票等功能，促进参与者之间的交流和互动，增强社区凝聚力和归属感。

第四，实时数据分析。数字化管理能够提供实时的数据分析报告，帮助组织者更好地了解活动的参与情况、反馈意见等信息，以便及时调整和改进活动的组织、实施方式。

第五，提高安全性。数字化管理能够提高社区活动的安全性。通过实名认证、在线支付等手段，有效避免出现诈骗、虚假报名等问题，保障参与者的权益和安全。

第六，可以长期保存与使用。数字化管理能够将社区活动的信息长期保存下来，方便日后查阅和使用。通过云存储、数据库等技术手段，将活动的文字、图片、视频等信息永久保存下来，为社区的历史记录和传承提供有力的支持。

（二）社区活动数字化管理的实施

1. 数字化管理平台的搭建

随着科技的飞速发展，数字化管理平台在企业和组织中的重要性日益凸显。它不仅可以提高工作效率、降低运营成本，还可以促进团队协作和创新。数字化管理平台是一种基于云计算、大数据、人工智能等技术的综合性管理平台，将企业或组织的业务流程、信息数据、人员管理等各个方面的资源进行数字化整合，实现全面、高效、便捷的管理。同时，数字化管理平台可以为企业或组织提供数据分析、预测等增值服务，帮助领导层做出更明智的决策。数字化管理平台的搭建过程如下。

（1）需求分析

在搭建数字化管理平台之前，首先要明确企业或组织的需求和目标，包括对当前管理的分析、业务流程的梳理、信息数据的整合等。通过深入了解企业或组织的现状，确定数字化管理平台需要解决的问题和亟待提升的方面。

（2）技术选型与开发

根据需求分析的结果，选择合适的技术和工具进行平台开发。数字化管理平台通常采用云计算架构，利用大数据存储和计算能力，实现数据的快速处理和挖掘。同时，结合人工智能技术，实现自动化决策和智能分析。在开发过程中，还要注意平台的可扩展性、稳定性和安全性。

（3）资源整合与优化

数字化管理平台需要对企业或组织的各类资源进行整合和优化，包括业务流程的数字化、信息数据的标准化、人员管理的智能化等。通过资源整合与优化，实现企业或组织的协同管理和高效运营。

（4）培训与推广

数字化管理平台的成功应用离不开员工的积极参与和熟练掌握。因此，在平台上线前，需要对员工进行培训和推广，包括介绍数字化管理平台的意义和优势、培训平台的操作技能、解答员工疑问等，通过培训与推广，提高员工的数字化素养和平台应用能力。

2. 管理和运营数字化的社区活动

管理和运营数字化的社区活动需要一个完整的团队和明确的管理策略。

第一，设定明确的目标和预期结果。在开始任何社区活动之前，相关人员需要明确活动目标和预期结果，帮助其更好地衡量活动的成功程度，并确保社区成员更好地理解活动目的。

第二，确定社区成员的需求和兴趣。在策划活动之前，了解社区成员的需求和兴趣是很重要的。可以通过调查、邮件或在线讨论等方式与社区成员交流，以了解他们想要的活动类型、时间、地点等。

第三，制定详细的计划和时间表。在确定活动类型和预期结果后，制定详细的计划和时间表，帮助相关人员确保活动按时进行，并达到预期效果。

第四，确定活动的预算和资源需求。在策划活动之前，需要确定活动的预算和资源需求，确保活动顺利进行，避免因缺乏资源而出现任何问题。

第五，招募志愿者或团队成员。在确定活动类型和预期结果后，招募志愿者或团队成员是很重要的。他们可以帮助策划、组织和执行活动，以确保活动成功。

第六，宣传和推广活动。在活动之前，宣传和推广活动是很重要的。可以通过社交媒体、电子邮件、网站等方式宣传和推广活动，以吸引更多的社区成员参与。

第七，在活动期间保持沟通和协调。在活动期间，保持沟通和协调是很重要的。需要确保所有志愿者或团队成员都了解各自的职责，并顺利地执行任务。

第八，活动后进行评估和总结。在活动结束后，进行评估和总结是很重要的。可以根据社区成员的反馈和参与程度来评估活动的成功程度，并总结经验教训，以帮助改进未来的活动。

管理和运营数字化的社区活动需要经过仔细的规划和充分的准备。通过设定明确的目标、了解社区成员的需求和兴趣、制定详细的计划、确定预算和资源需求、招募志愿者或团队成员、宣传和推广活动、保持沟通和协调以及进行评估和总结等步骤来管理和运营数字化的社区活动，并吸引更多的社区成员参与其中。

第二节 数字化社区服务平台

一、搭建数字化社区信息平台

（一）数字化社区信息平台设计

1. 平台架构与系统设计

随着互联网技术的发展，搭建社区信息平台已经成为当今社会的重要需求之一。为了满足社区居民对信息获取、交流互动、生活服务等多方面的需求，人们设计了一种全新的数字化社区信息平台架构，旨在提高社区服务水平，优化居民生活质量。

（1）平台架构

数字化社区信息平台的架构主要包括基础设施层、数据层、应用层和用户界面层四个部分。基础设施层包括服务器、网络设备、存储设备等硬件设施，为平台提供稳定、高效的支持；数据层主要负责数据的存储、处理和共享，为应用层提供数据支持；应用层包括各种社区信息服务应用，如信息发布、在线交流、社区电商等；用户界面层负责用户的交互，包括PC端、移动端等多种形式。

（2）系统设计

采用微服务架构，将各个应用模块进行解耦，实现高内聚、低耦合的设计。同时，结合云计算技术，实现动态扩展、按需分配的计算资源，提高系统的可扩展性和灵活性。此外，人们引入人工智能技术，实现智能推荐、智能客服等功能，提升用户体验。

2. 功能模块与特点

数字化社区信息平台是一个综合型的社区信息管理平台，旨在为社区居民提供便捷、高效、全面的信息服务。该平台的功能模块包括如下。

一是信息发布模块。该模块用于发布社区新闻、公告、活动等信息，方便居民及时获取相关信息。

二是社交互动模块。该模块为居民提供在线交流、互动的平台，促进社区居民之间的沟通与交流。

三是物业服务模块。该模块为物业管理部门提供在线服务，包括报修、投诉、缴费等，方便物业管理部门及时处理居民的问题和需求。

四是便民服务模块。该模块提供各类便民服务，如在线购物、家政服务、维修服务等，为居民提供便捷的生活服务。

五是用户管理模块。该模块对平台用户进行管理，包括用户注册、登录、权限管理等，确保平台的安全性和稳定性。

数字化社区信息平台的特点如下。

第一，智能化管理。该平台采用了先进的信息化技术，实现了社区信息的智能化管理，提高了信息管理的效率和准确性。

第二，互动性强。该平台为居民提供了多种在线交流和互动的方式，增强了社区居民之间的互动和参与感。

第三，服务全面。该平台提供了多样化的便民服务，满足了居民的多种生活需求，为居民提供了更加便捷的生活环境。

第四，安全性高。该平台对用户信息进行严格管理，确保了用户信息和数据的安全。

3. 平台技术实现与优化

（1）技术实现

一是平台架构。数字化社区信息平台的架构通常包括以下几个模块：用户界面（UI）、业务逻辑层（BLL）、数据访问层（DAL）和数据库。UI 负责与用户交互，BLL 负责处理业务逻辑，DAL 负责与数据库交互，数据库负责存储和检索数据。

二是开发技术。数字化社区信息平台通常采用以下技术进行开发：HTML、CSS、JavaScript 用于 UI 设计，Java、C#、Python 等编程语言用于 BLL 和 DAL 的开发，MySQL、SQL Server、MongoDB 等数据库技术用于数据的存储和检索。

（2）优化

第一，UI 优化。UI 优化主要是提高用户体验感，包括页面加载速度、操作流畅度、页面布局等。可以通过压缩 CSS、JavaScript 文件，使用 CDN 加速，通过缓存等技术来加快页面加载速度；可以通过优化 DOM 结构，通过异步加载等方式提高操作流畅度；可以通过响应式设计，考虑多种设备尺寸等方式来优化页面布局。

第二，数据库优化。数据库优化主要是加快数据访问速度和降低数据库负载。可以通过索引优化、缓存等技术来加快数据访问速度；可以通过分库分表，读写分离等技术来降低数据库负载。

第三，代码优化。代码优化主要是提高程序的性能和可维护性。可以通过避免冗余代码，使用设计模式等方式来提高程序性能；可以通过编写单元测试，使用版本控制等方式来提高程序的可维护性。

数字化社区信息平台的技术实现与优化是保证平台稳定、高效运行的关键。在技术实现方面，需要选择合适的开发技术和架构模式；在优化方面，需要针对不同的模块进行针对性优化，以提高平台的整体性能和用户体验。同时需要不断关注新技术的发展和应用，以便对平台进行持续优化和升级。

（二）平台搭建与实施

1. 资源整合与共享

随着科技的飞速发展和信息时代的到来，数字化社区信息平台的建设已成为当今社会不可或缺的一部分。搭建一个高效、便捷、易用的数字化社区信息平台，不仅可以提高社区居民的生活质量，还可以促进社区资源的整合与共享，推动社区的可持续发展。

（1）数字化社区信息平台的搭建与实施

第一，确定平台定位与功能。根据社区实际情况和发展需求，明确数字化社区信息平台的定位和功能，包括信息发布、在线服务、邻里交流、便民支付等。

第二，整合资源。通过技术手段对各类资源进行整合，实现数据的共享与应用，包括社区设施、人才、服务等信息，提高资源的利用率。

第三，建立信息共享机制。制定信息共享的规则和标准，确保信息的准确性和安全性，同时鼓励居民参与信息共享，形成社区信息的良性循环。

第四，优化用户体验。注重用户体验的设计与管理，确保平台的易用性和友好性，满足不同年龄层次和需求层次的用户需求，提高用户的满意度。

第五，加强平台推广与运营。通过多种渠道进行平台推广，提高平台的知名度、扩大平台的影响力，同时加强平台的运营管理，确保平台的稳定性和持续性。

（2）资源整合与共享的实施策略

第一，建立资源整合机制。明确各类资源的归属和管理方式，建立资源整合的机制和流程，确保资源的有效利用和合理分配。

第二，促进跨部门协作。加强不同部门之间的沟通与协作，打破信息壁垒，实现跨部门资源的共享与应用，提高整体效益。

第三，创新商业模式。通过商业模式的创新，引导社会资本参与资源整合与共享，实现资源的最大化利用和价值最大化。

第四，强化政策引导。政府应出台相关政策，鼓励和支持数字化社区信息平台的搭建与实施，推动社区资源的整合与共享。

第五，搭建人才培养平台。加强数字化社区信息平台相关人才的培养和引进，搭建人才培养平台和创新创业平台，为数字化社区信息平台的建设提供强有力的人才保障。

数字化社区信息平台的搭建与实施是社会信息化发展的必然趋势，可以在提升社区服务水平、优化社区管理、促进资源共享等方面发挥重要作用。在未来的发展中，应进一步加强数字化社区信息平台的研究和实践探索，不断优化和完善平台的功能和服务体系，努力实现数字化社区的可持续发展和创新发展，为创设和谐宜居的社区环境做出积极贡献。

2. 数据处理与信息安全保障

（1）建立完善的数据处理体系

一是数据收集。通过各种传感器、移动设备等数据采集方式，收集社区内的各类数据，包括人口、房屋、交通、环境等。

二是数据清洗。对收集到的数据进行清洗和预处理，去除无效、重复和错误数据，保证数据的质量和可靠性。

三是数据存储。采用分布式存储技术，将数据存储在多个节点，保证数据的安全性和可靠性。

四是数据挖掘。通过数据挖掘算法，对存储的数据进行分析和挖掘，提取有用的信息和知识，为社区管理提供决策支持。

（2）加强信息安全保障措施

一是访问控制。对社区信息平台进行访问控制，只有经过授权的用户才能访问和操作数据。

二是数据加密。采用加密技术对数据进行加密，防止数据泄露和被窃改。

三是安全审计。对社区信息平台进行安全审计，发现和修复可能存在的安全漏洞。

四是备份与恢复。定期对数据进行备份，确保在发生故障或灾难时，快速恢复数据。

（3）增强社区居民的信息安全意识

一是加强宣传教育。通过各种途径加强社区居民的信息安全意识教育，提高居民对信息安全的重视程度。

二是提供安全服务。为社区居民提供安全服务，如安全漏洞扫描、杀毒软件安装等，保障居民的个人信息安全。

三是规范信息管理。建立社区信息管理制度，规范社区信息的管理和使用，防止信息泄露和被滥用。

（4）建立应急响应机制

一是制定应急预案。针对可能出现的网络安全事件制定应急预案，明确应对措施和责任人。

二是组建应急队伍。组建一支由专业人员组成的应急队伍，负责网络安全事件的应急响应和处理。

三是定期演练。定期进行应急演练，提高应急队伍的响应能力和处理效率。

四是及时通报。在发生网络安全事件时，及时向相关部门通报情况，协调处理相关事宜，减少损失。

搭建数字化社区信息平台需要建立完善的数据处理体系、加强信息安全保障措施、增强社区居民信息安全意识、建立应急响应机制。只有这样才能够确保数字化社区信息平台的安全、可靠运行，为社区居民提供更好的服务。

3. 平台推广与用户培训

数字化社区信息平台的推广与用户培训是一个关键环节，它能够让更多的用户了解并使用这个平台，从而提升社区的信息化水平。

（1）推广活动

一是线上广告营销。通过社交媒体、搜索引擎、新闻网站等渠道进行广告投放，让更多的人了解数字化社区信息平台。

二是线下活动推广。举办社区活动，如技术讲座、产品体验会、用户分享会等，让用户亲自体验产品的优势。

三是合作伙伴推广。与社区内的其他组织或企业合作，共同推广数字化社区信息平台，扩大影响力。

四是口碑营销。鼓励用户分享他们的使用体验，通过口碑传播吸引更多的潜在用户。

（2）用户培训

一是线上教程。制作详细的教程和操作视频，帮助用户了解如何使用数字化社区信息平台。

二是线下培训。开设实体课程或举办研讨会，让用户在专人的指导下学习如何使用该平台。

三是定制化培训。根据用户的需求和行业特点，提供定制化的培训方案，满足用户的特殊需求。

四是持续培训。定期推出新的培训内容，帮助用户不断提升使用技能和效率。

通过有效的推广和培训，数字化社区信息平台能够更好地为用户服务，推动社区的数字化进程。

二、用户参与社区建设的数字工具

（一）数字化工具与社区建设

1. 数字化工具在社区建设中的应用场景

数字化工具在社区建设中的应用场景非常广泛，它们不仅改变了社区居民的生活方式，还为社区管理带来了许多便利。以下是一些常见的应用场景。

第一，社交互动。数字化工具，如社交媒体、在线论坛和聊天室等，为社区居民提供了一种方便、快捷的交流方式。这些平台不仅可以让居民轻松地分享自己的想法和感受，还可以促进居民之间的互动和交流，加强社区的凝聚力和归属感。通过这些工具，居民可以随时随地表达自己的意见和需求，从而促进社区的民主参与和共建共享。同时，数字化工具为居民提供了更多的信息渠道和资源，使他们在社区中更加活跃和有影响力。

第二，信息传播。数字化工具可以快速、准确地传递各种信息，如社区通知、公告、活动信息等。通过电子邮件、短信、微信公众号等方式，社区居民可以及时获取信息，更好地了解社区动态。

第三，公共服务。数字化工具可以提供各种公共服务，如在线缴纳水电费、物业费、垃圾处理费等。这些工具可以让居民更加便捷地办理各种事务，提高生活质量和效率。

第四，智能管理。数字化工具可以帮助社区进行智能管理，如通过智能门禁系统、监控系统等设备进行安全监控和人员管理。这些工具还可以帮助社区更好地掌握居民信息和需求，提高管理和服务水平。

第五，文化娱乐。数字化工具可以为社区居民提供各种文化娱乐活动，如在线音乐会、电影播放、游戏等。这些工具可以让居民更好地享受生活，增强社区凝聚力，营造文化氛围。

数字化工具在社区建设中具有广泛的应用前景，它们不仅可以提高管理和服务水平，还可以提高社区居民的参与感和幸福感。未来随着技术的进步和发展，数字化工具在社区建设中的应用将会越来越广泛。

2. 数字化工具的作用

数字化工具的普及和应用为社区建设带来了巨大的变革。这些工具为社区管理者和居民提供了更多高效、便捷的方式来提高社区建设的效率和参与度。

首先，数字化工具可以帮助社区管理者更好地了解社区的各项数据和信息。通过数据分析工具，管理者可以轻松地掌握社区的人口、资源、设施等各项数据，从而更好地制定社区建设和发展计划。此外，数字化工具可以帮助社区管理者进行项目管理，从项目规划、实施到监督，都可以通过数字化平台进行，大大提高了项目管理的效率和准确性。

其次，数字化工具可以提高社区居民的参与度。通过在线调查、社交媒体等平台，社区居民可以轻松地参与社区建设。这些平台不仅可以收集居民的意见和建议，还可以及时反馈社区建设进展，增强居民的获得感和参与感。此外，数字化工具可以帮助社区居民更好地了解社区建设的目的和意义，从而激发他们的积极性和主动性。

最后，数字化工具可以提高社区建设的效率。通过数字化平台，社区管理者可以快速地传递信息、协调资源、解决问题。例如，通过在线服务平台，居民可以随时随地报修、咨询问题，避免了传统渠道的不便和低效。此外，数字化工具还可以帮助社区管理者优化资源配置，提高社区设施的使用率和效率。

数字化工具的应用为社区建设带来了诸多好处。通过这些工具，社区管理者可以更好地了解社区情况、提高项目管理效率、促进居民参与、优化资源配置等。在未来，随着技术的不断进步和应用，数字化工具将在社区建设中发挥更大的作用。

（二）用户参与社区建设的模式

1. 用户参与社区建设的不同模式

在社区建设过程中，用户的参与模式多种多样，从个人到团队，再到组织，每一种模式都有其独特的优势和作用。对个人而言，他们通常以积极的态度参与社区建设，通过发表观点、分享经验、提供建议等方式，为社区的发展贡献自己的力量。个人参与社区建设具有很高的灵活性和自由度，他们可以随时随地发言和互相交流，更加真实地表达自己的想法和意见。

团队是一种更加组织化的参与模式。团队成员通常有着共同的目标和理念，他们通过协作和分工，一起为社区建设贡献自己的力量。团队参与社区建设具有更高的效率和质量，因为团队成员可以相互补充和协作，共同解决问题和克服困难。同时，团队可以通过集思广益的方式，为社区建设提出更加全面和深入的见解和建议。

组织是一种更加正式的参与模式。组织通常有明确的章程和规则，它们通过一定的结构和体系来推动社区建设。组织参与社区建设具有更高的稳定性和可持续性，因为它们通常有更加完善的制度和资源支持。同时，组织可以通过与政府、企业等其他组织的合作，为社区建设争取更多的支持和资源。

个人、团队和组织在社区建设中扮演着不同的角色。每种模式都有其独特的优势和局限性，需要根据具体情况进行选择和应用。

2. 研究不同模式下用户的参与特点和效果

在当今的数字化时代,用户参与已经成为许多领域的重要因素,包括社交媒体、电子商务、在线教育、健康医疗等。不同的模式和平台有着各自的特点和优势,吸引着不同类型的用户。

(1)社交媒体模式

社交媒体是用户参与的主要平台之一,用户可以在这里更新状态、分享图片和视频、点赞、评论等。通过社交媒体,用户可以与他人建立联系、交流信息、表达观点和情感。在社交媒体模式下,用户的参与特点主要包括以下几个方面。

第一,高度互动性。社交媒体用户可以与其他用户进行实时互动,如评论、点赞、分享等。用户更乐于参与其中,也使信息更易于流动和传播。

第二,内容多样性。社交媒体用户可以发布和分享各种类型的内容,如文字、图片、视频等。用户可以根据自己的兴趣和需求选择发布和分享的内容。

第三,社区性。用户可以根据自己的兴趣和需求选择加入的社区,并与志同道合的人进行交流和互动。

在社交媒体模式下,用户的参与效果主要包括以下几个方面。

第一,信息传播。社交媒体用户可以通过分享和传播信息来扩大信息的覆盖面和影响力。这种信息传播方式比传统的传播方式更加高效和快速。

第二,品牌推广。社交媒体用户可以通过点赞、评论等方式来表达对品牌的支持和认可。这种品牌推广方式比传统的广告宣传更加有效和可信。

第三,社区建设。社交媒体用户可以通过参与社区建设来增强社区的凝聚力,扩大社区影响力。这种社区建设方式比传统的社区管理更加有效和民主。

(2)电子商务模式

电子商务是用户参与的另一个重要领域,用户可以在这里购买商品和服务、进行评价和反馈等。通过电子商务平台,用户既可以更加方便、快捷地进行购物，也可以更加全面地了解商品和服务的信息。

在电子商务模式下，用户的参与特点主要包括以下几个方面。

第一，在线购物。电子商务用户可以在线浏览和购买商品和服务，不受时间和地点的限制。这种在线购物方式比传统的实体店购物更加方便和快捷。

第二，评价和反馈。电子商务用户可以对购买的商品和服务进行评价和反馈，为其他用户提供参考和帮助。这种评价和反馈方式比传统的口碑传播更加客观和全面。

第三，优惠和促销。电子商务用户可以通过优惠和促销活动来获得更多的实惠和利益。这种优惠和促销方式比传统的广告宣传更具吸引力。

在电子商务模式下，用户的参与效果主要包括以下几个方面。

第一，销售增长。电子商务用户的购物行为可以促进商品的销售增长。这种销售增长方式比传统的实体店销售更加有效和快速。

第二，品牌认可。电子商务用户可以通过评价和反馈来表达对品牌的认可和支持。这种品牌认可方式比传统的广告宣传更加可信和有效。

第三，市场研究。电子商务用户可以通过评价和反馈来了解市场的需求和趋势，为商家提供参考和支持。这种市场研究方式比传统的市场调研更加全面和准确。

（3）在线教育模式

在线教育是近年来发展迅速的领域之一，用户可以在这里学习各种知识和技能、参加在线课程和学习小组等。通过在线教育平台，用户可以更加灵活、自由地进行学习，也可以更加全面地了解课程和学习资源的信息。

在线教育模式下，用户的参与特点主要包括以下几个方面。

第一，在线学习。在线教育用户可以通过在线课程和学习小组来进行学习，不受时间和地点的限制。这种在线学习方式比传统的实体学校学习更加灵活和自由。

第二，互动交流。在线教育用户可以通过学习小组、论坛等来进行互动交流，与其他学习者进行讨论和分享。这种互动交流方式比传统的实体学校学习更加丰富和有趣。

（三）案例分析与应用前景

1. 数字化社区服务平台的典型案例

近年来，数字化社区服务平台的迅速发展，为人们的生活带来了极大的便利。其中，智慧社区是数字化社区服务平台的典型案例之一。

智慧社区是基于互联网、物联网、大数据、人工智能等新一代信息技术，整合社区各类服务资源，打造涵盖政府、物业、居民、商家等各方参与的全新社区生态圈，为居民提供智能化的生活服务，提高社区治理水平，促进社区经济发展。

在智慧社区中，居民可以通过手机App、微信小程序等多种方式，享受到方便、快捷的物业服务、政务服务、便民服务等。例如，在线报修、智能门禁、停车位预约、社区购物等功能都可以在智慧社区平台上实现。此外，智慧社区通过智能化设备和大数据分析等技术手段，对社区的能源、安全、环境等方面进行智能化管理，提高社区的宜居性和安全性。

除了提供方便、快捷的服务，智慧社区还通过搭建各类交流平台，促进居民之间的交流和互动。例如，社区论坛、居民群聊等社交功能，可以让居民在平台上交流心得、分享经验，增强社区的凝聚力和归属感。此外，智慧社区通过引入各类文化、教育、健康等公共服务资源，为居民提供更加全面和优质的基本公共服务。

建设智慧社区需要政府、物业、居民、商家等各方的共同参与和合作。政府需要提供政策支持和引导，物业需要提供优质的物业服务和资源整合，居民需要积极参与和配合，商家需要提供优质的产品和服务。通过各方合作，共同创设宜居、安全、便利的智慧化社区生活环境。

2. 数字化社区服务平台在未来的应用前景和发展趋势

随着科技的进步和数字化时代的到来，数字化社区服务平台的应用前景越来越广,发展趋势日益凸现。数字化社区服务平台是指利用互联网、移动设备等信息技术手段,为社区居民提供各类服务的一种综合型平台。目前,数字化社区服务平台已经渗透到生活的方方面面,包括社交、购物、医疗、教育等方面。在社交方面,微信、微博等社交媒体已经成为人们日常沟通交流的重要工具;在购物方面,电商平台、线上超市等数字化平台让人们可以足不出户购买商品;在医疗方面,远程医疗、在线预约挂号等数字化服务解决了看病难的问题;在教育方面,在线课程、远程培训等数字化教育方式为人们提供了更加灵活的学习途径。

(1) 未来应用前景

一是智能化服务。随着人工智能技术的发展,未来的数字化社区服务平台将更加智能化。通过语音识别、自然语言处理等技术,平台能够自动识别用户的意图和需求,并为其提供更加个性化的服务。例如:智能客服可以自动回答用户的问题,提高服务效率;智能推荐系统可以根据用户的兴趣和需求,为其推荐合适的商品和服务。

二是跨界融合。未来的数字化社区服务平台将不再局限于某一领域或某一行业,而是将不同领域和行业进行跨界融合。例如:医疗与互联网的融合将产生更多的远程医疗和健康管理服务项目;教育与其他领域的融合将推动在线教育和职业培训等服务的普及。这种跨界融合将为数字化社区服务平台带来更加广阔的发展空间。

三是社群化运营。未来的数字化社区服务平台将更加注重社群化运营,通过构建各类社群,将具有相同兴趣和需求的人聚集在一起,为其提供更加精准的服务。例如:通过构建亲子社群,为年轻家庭提供育儿咨询和亲子互动等服务;通过构建运动社群,为运动爱好者提供健身指导和健康管理等服务。

(2) 发展趋势

一是服务体验优化。为了提高用户黏性和满意度,未来的数字化社区服务平台将不断优化服务体验。通过更加便捷、高效、个性化的服务,用户能够更加享受数字化生活带来的便利。例如，通过优化线上购物流程、缩短等待时间、提高配送效率等措施，用户能够更加愉快地购物。

二是数据驱动的精细化运营。未来的数字化社区服务平台将更加注重数据驱动的精细化运营。通过对用户数据的收集和分析，深入挖掘用户需求和行为特征，为其提供更加精准的服务。例如：通过分析用户的消费记录和浏览行为等数据，为其推荐合适的商品和服务；通过分析用户的健康数据，为其提供个性化的健康管理方案。

三是创新商业模式。为了适应市场的变化满足用户的需求，未来的数字化社区服务平台将不断创新商业模式。通过探索新的盈利模式和服务模式，提高平台的竞争力和盈利能力。例如，平台可以采取会员制、付费服务等方式提高收入，也可以与其他平台或企业合作，共同开发新的产品和服务。

第三节　文化活动与数字化展览

一、利用数字技术创新文化活动形式

（一）文化活动与数字化展览的融合

1. 展览形式数字化的创新

随着科技的发展，数字化展览已经成为一种创新的展览形式。这种展览形式通过使用先进的技术和数字媒体，将展览内容以更加生动、形象的方式呈现给观众。数字化展览不仅可以提供传统展览无法比拟的互动体验，还可以通过互联网和移动设备等渠道，将展览内容传播到更广泛的受众群体。

在文化活动与数字化展览的融合方面，可以看到许多创新的实践。一些博物馆和美术馆已经开始利用数字化技术，将传统的文物和艺术品转化为数字展览。这些数字展览可以通过互联网和移动设备等途径，让观众随时随地欣赏这些文物和艺术品。同时，数字化展览可以通过虚拟现实、增强现实等

技术，为观众提供沉浸式体验，让他们更加深入地了解和感受文物的历史和文化价值。

除了数字化展览，文化活动还可以通过其他方式与数字化技术相结合。例如，一些文化活动可以通过线上平台进行直播和互动，观众在家中就可以参与活动。另外，一些文化活动可以通过数字化技术来提高观众的参与度和体验感，例如，采用虚拟现实技术可以为观众提供沉浸式的艺术体验，或者通过增强现实技术为观众提供互动式的文化游戏。

在未来，随着技术的发展和普及，数字化展览和文化活动的融合将越来越紧密。可以预见，未来的文化活动将更加注重数字化技术的运用和创新，为观众提供更加丰富、生动、有趣的体验。同时，数字化技术将成为推动文化传承和创新的重要力量，为人类文明的发展做出更大的贡献。

2. 文化活动与数字技术的完美结合

将数字技术与文化活动完美结合，不仅可以增强活动的趣味性和互动性，还可以扩大文化的传播范围，让更多人了解和体验文化的魅力。在文化活动中应用数字技术，可以体现在以下几个方面。

一是虚拟现实技术。虚拟现实技术可以将文化活动以更加逼真的方式呈现给观众，让观众身临其境地感受文化氛围。比如，通过虚拟现实技术，观众可以穿越时空，亲身体验古代文明、重温历史等。

二是增强现实技术。增强现实技术可以将虚拟元素与现实场景相结合，为观众带来全新的视觉体验。比如，在博物馆参观时，通过增强现实技术，观众可以看到文物复原后的景象，从此更加深入地了解文物的历史和文化背景。

三是人工智能技术。人工智能技术可以模拟人类智能，为文化活动提供更加智能化的服务和支持。比如，人工智能可以作为智能导游，为观众提供更加个性化的参观体验。

四是数字创意技术。数字创意技术可以突破传统创意的限制，为文化活动带来更加独特的艺术表现形式。比如，可以通过数字创意技术，创作独具特色的数字艺术作品，让观众感受到技术与艺术的完美结合。

（二）数字展览在文化活动中的应用

1. 增强现实（AR）和虚拟现实（VR）的应用

在文化活动中应用 AR 和 VR 技术，可以带来更加丰富、沉浸式的体验，让参观者更加深入地了解和感受文化遗产的魅力。

AR 和 VR 技术可以用于数字展览的各个环节，从展示内容到互动体验，都可以通过这些技术进行创新。

第一，展示内容。通过 AR 和 VR 技术，将文化遗产以更加真实、生动的方式呈现出来。例如：可以通过 VR 技术还原古代建筑、文物等，让参观者身临其境地感受古代文化氛围；可以通过 AR 技术将文化遗产与现实场景相结合，让参观者看到已经消失的文化遗产。

第二，互动体验。AR 和 VR 技术可以带来沉浸式的互动体验。例如，可以通过 AR 技术让参观者与虚拟角色进行互动；可以通过 VR 技术让参观者体验文化遗产的历史背景、生活场景等。

第三，导航指引。在数字展览中，参观者可以通过 AR 和 VR 技术获取更加精准的导航指引。例如：可以通过 AR 技术在现实场景中标注文化遗产的位置、名称等信息；可以通过 VR 技术构建虚拟导览地图，让参观者更加方便地了解文化遗产的分布情况。

第四，保护与修复。AR 和 VR 技术可以用于文化遗产的保护与修复。例如：可以通过 VR 技术模拟文化遗产受到损坏的情况，为保护与修复提供参考；可以通过 AR 技术在文化遗产表面叠加保护罩，对其进行实时监测和保护。

2. 数字展览在文化遗产保护与传承中的应用

数字展览通过虚拟现实、增强现实等技术，将文化遗产以更加生动、形象的方式呈现给观众，观众能够更加深入地了解和感受文化遗产的价值和魅力。数字展览在文化遗产保护与传承中的应用主要体现在以下几个方面。

一是虚拟展示。数字展览可以通过虚拟现实技术，将文化遗产进行数字化还原，以虚拟展品的形式呈现给观众。这种虚拟展示方式不仅可以保护文化遗产，还可以突破时间和空间的限制，让观众随时随地欣赏到文化遗产的全貌。

二是交互体验。数字展览可以通过增强现实等技术，让观众与文化遗产进行互动。观众可以通过手势、语音等方式与虚拟展品进行互动，从而更加深入地了解文化遗产的历史背景、制作工艺等信息。这种交互体验方式不仅可以增强观众的参与感和体验感，还可以加深观众对文化遗产的认识和理解。

三是数据分析。数字展览可以通过大数据分析等技术，对文化遗产的相关数据进行统计和分析。这些数据包括文化遗产的受众群体、访问量、观看时间等信息，帮助主办方更好地了解观众的需求和喜好，为未来的展览策划提供有力的支持。

四是宣传推广。数字展览可以通过互联网、社交媒体等渠道进行宣传和推广，扩大文化遗产的影响力和知名度。同时，数字展览可以通过直播、在线教育等方式，为观众提供更加多样化的文化体验和学习机会。

二、数字展览的设计与推广

（一）描述数字展览设计的核心理念

数字展览设计的核心理念，即用户体验优先的原则，在展览设计的过程中，以观众的体验和需求为出发点，运用数字技术手段，创设一个富有互动性和吸引力的展览环境。这一理念强调观众在展览中的主体地位，认为观众的感受和体验是衡量展览成功的重要标准。

在数字展览设计中，用户体验优先的原则主要体现在以下几个方面。

第一，互动性设计。数字展览强调观众的参与和互动，通过设计多种互动环节，让观众主动探索和体验展览内容。这种互动性设计可以激发观众的好奇心和兴趣，提高展览的吸引力。

第二，用户体验优化。数字展览设计注重观众的视觉、听觉、触觉等感官体验，通过优化界面设计、提高操作便捷性、增强沉浸感等手段，提升观众的参观体验。

第三，个性化服务。数字展览能够根据不同观众的需求和兴趣，提供个性化的展览内容和推荐服务。这种个性化服务可以满足观众的不同需求，提高观众的满意度。

第四，数据驱动的决策。数字展览通过收集和分析观众的行为数据和反馈意见，不断优化展览内容和设计，提高展览的质量，增强展览的效果。这种数据驱动的决策可以确保展览始终以满足观众的需求为导向。

在实践过程中，用户体验优先的原则需要与数字技术的运用相结合。通过引入先进的数字技术，如虚拟现实、增强现实、人工智能等，数字展览设计师可以创造更具创意和吸引力的展览空间。同时，数字技术的运用可以提高展览的交互性和沉浸感，使观众更加深入地体验和理解展览内容。

（二）数字展览设计的关键要素

1. 内容分类

数字展览的内容通常包括文字、图片、视频、音频等，每种形式都有其特点和使用场景。因此，在进行内容分类时，需要考虑不同形式的内容之间的关系和差异，以及如何将它们有机结合，以实现最佳的展览效果。

2. 界面设计

数字展览的界面应该具有清晰、简洁、易于操作的特点，同时需要符合展览的主题和风格。在界面设计过程中，需要考虑以下几个方面。

一是色彩搭配。根据展览的主题和风格选择合适的色彩搭配，以突出展览的重点和特色。

二是字体选择。根据展览的内容和风格选择合适的字体，以增强文字的可读性和美观性。

三是图片处理。选择高质量的图片，并进行适当的处理，以突出展览的重点和特色。

四是布局设计。将展览的内容合理排列，以方便观众浏览和操作。

3. 交互设计

数字展览的交互应该具有简单、自然、便捷的特点，同时需要符合展览的主题和风格。在交互设计中，需要考虑以下几个方面。

一是导航设计。设计清晰的导航菜单和页面结构，以方便观众快速找到所需的内容。

二是互动元素设计。添加适当的互动元素，如按钮、表单、弹窗等，以增强观众与展览的互动体验。

三是动画效果设计。添加适当的动画效果，如过渡动画、交互动画、特效等，以增强观众的视觉体验和操作体验。

（三）数字展览设计的常用工具和技术

数字展览设计是一种使用先进技术来创建交互式、沉浸式展览的方法。在数字展览设计中，AR、VR 和 3D 建模是常用的技术和工具。

AR 是一种将数字信息叠加到真实世界中的技术，它可以通过智能手机、平板电脑或头戴式显示器来呈现。在数字展览设计中，AR 技术可以用来创建虚拟展品，参观者可以与这些展品进行互动。例如，参观者可以通过 AR 技术在展品上看到虚拟图像，这些图像可以提供更多关于展品的信息或展品的展示环境。

VR 是一种通过头戴式显示器创建虚拟世界的技术。在数字展览设计中，VR 技术可以用来创建完全沉浸式的展厅，让参观者身临其境地感受展品。VR 技术还可以用来创建虚拟人物或导游，这些人物或导游可以与参观者进行互动，并为他们提供更多关于展品的信息。

3D 建模是一种使用计算机软件创建三维模型的技术。在数字展览设计中，3D 建模可以用来创建虚拟展品、场景和建筑。3D 建模软件通常包括 SketchUp、AutoCAD 和 3ds MAX 等。这些软件可以用来构建精确的模型，并且可以在模型中添加纹理、颜色和光照效果，使其看起来更加逼真。

第五章　数字化服务的社会影响与面临的挑战

第一节　社会参与与城市发展

一、数字化服务对社区凝聚力的影响

（一）数字化服务对社会参与的影响

1. 数字化服务的普及和进步对社会参与的促进

随着数字化服务的普及和技术的不断进步，人们的生活方式、社交模式及工作习惯都发生了翻天覆地的变化。在这样一个全新的时代，社会参与的方式也发生了前所未有的变革。

数字化服务为公众提供了更加便捷的交流和互动方式。通过社交媒体、网络论坛和即时通信工具等数字化平台，公众可以随时随地与他人进行在线交流，分享自己的观点和经验。这种新型的社交方式不仅打破了时间和空间的限制，还扩大了的社交圈子，使公众更容易参与各种社会活动。

数字化服务能使公众更加积极地参与社会决策。许多政府机构和公共组织已经利用数字化技术开通了在线咨询、网上投票等，公众能够更加便捷地表达自己的意见和看法。此外，许多社会问题能通过社交媒体等迅速传播，引发公众的关注和讨论，进一步推动社会问题的解决。

数字化服务为公众提供了更多参与公益活动的机会。例如，可以通过在线捐款平台为慈善机构捐款，帮助需要帮助的人；可以通过志愿者招募平台

了解各种公益活动的信息,并参与其中。这些数字化工具不仅提高了公益活动的透明度和效率,还扩大了公益活动的影响力。

数字化服务的发展促进了公民对政府的监督。人们可以通过政府公开数据、在线举报等渠道,对政府工作进行监督和评价。这种新型的监督方式不仅提高了政府工作的透明度,还有利于促进廉政建设。

数字化服务的普及和进步对社会参与起到了积极的推动作用。在未来的发展中,我们期待看到更多的数字化创新为社会参与带来更多的可能性。

2.数字化对帮助社会弱势群体参与社会活动的帮助

数字化服务已经成为现代社会不可或缺的一部分,它不仅改变了人们的生活方式,还为社会弱势群体提供了更多参与社会活动的机会。通过数字化服务,这些群体可以更加便捷地参与社会活动,提高自己的社交能力、知识水平和生活质量。

首先,数字化服务可以帮助社会弱势群体获得更多的信息。在传统的社会中,信息往往掌握在少数人手中,社会弱势群体往往被排除在外。然而,在数字化时代,信息不再是稀缺资源,人们可以通过互联网轻松地获取各种信息。社会弱势群体可以通过数字化服务,如公共图书馆的电子阅览室、社区的电脑教室等,获取更多的信息,从而更好地参与社会活动。

其次,数字化服务可以帮助社会弱势群体提高自己的技能水平。在数字化时代,技能水平已经成为影响公众参与社会活动的重要因素之一。然而,受经济条件等影响,社会弱势群体往往无法接受高质量的教育和培训。数字化服务可以通过在线课程、远程教育等方式,为这一群体提供更加灵活、便捷的教育和培训机会,帮助他们提高自己的技能水平,更好地参与社会活动。

最后,数字化服务可以帮助社会弱势群体扩大自己的社交圈子。在传统社会中,人们的社交圈子往往受地域、经济条件等因素的限制。然而,在数字化时代,人们可以通过互联网平台轻松地扩大自己的社交圈子。社会弱势群体可以通过数字化服务,如社交网络、在线论坛等,结交更多的朋友和志同道合的人,从而更好地参与社会活动。

数字化服务已经成为一种重要的工具，可以帮助社会弱势群体更好地参与社会活动。通过提供更多的信息、提高技能水平和扩大社交圈子等途径，数字化服务为这些群体提供了更多的机会和平台，让他们能够更好地融入社会、参与社会活动。

（二）数字化服务对社区凝聚力的影响

1. 数字化服务可以增强社区凝聚力

首先，数字化服务可以提供一种沟通渠道，使社区成员更方便地进行交流和互动。例如，社交媒体平台和在线论坛可以让社区成员分享自己的想法和感受，讨论社区中的问题和事件，并共同寻找解决方案。这种交流可以促进社区成员之间的相互理解和尊重，增强社区凝聚力。

其次，数字化服务可以通过提供信息和资源来帮助社区成员更好地融入社区。例如，数字图书馆和在线教育平台可以提供各种学习资源和文化活动，帮助社区成员扩展自己的知识和技能，促进个人成长和社区发展。此外，数字化服务还可以提供各种公共服务和信息，如政府公告、社区活动、就业机会等，帮助社区成员更好地了解社区和参与社区生活。

最后，数字化服务可以通过促进社区参与和创新来增强社区凝聚力。例如，参与平台可以鼓励社区成员参与社区决策和公益活动，提高其归属感和责任感。此外，数字化服务可以支持创新和创业，为社区成员提供更多的机会和选择，促进社区的繁荣和发展。

数字化服务可以为社区提供更方便、更丰富、更好的体验，增强社区凝聚力。利用数字技术的优势，更好地连接社区成员，提供更多的机会和资源，促进社区的参与和创新，为构建更紧密、更繁荣的社区做出贡献。

2. 数字化服务可能给社区凝聚力带来的威胁和挑战

数字化服务在给社区带来便利的同时，也可能给社区凝聚力带来威胁和挑战。

首先，数字化服务可能导致人们过度依赖技术，减少面对面的交流和互动。这可能导致社区成员之间的联系减弱，人际关系疏远，甚至导致社区内部的分裂和矛盾。

其次，数字化服务可能导致信息过载。随着社交媒体、电子邮件、短信等数字化工具的普及，社区成员每天接收到的信息非常多。这可能导致其无法专注于与他人的真实交流和互动，从而影响社区的凝聚力和互信。

最后，数字化服务可能加剧社区中的不平等现象。虽然数字化技术提供了更多的机会和资源，但也可能导致数字鸿沟的扩大。那些缺乏必要技术知识和技能的人可能被排除在社区之外，进一步加剧社区内部的不平等现象。

因此，需要认识到数字化服务可能给社区凝聚力带来的威胁和挑战，并采取积极的措施来应对。这包括鼓励进行面对面的交流和互动、培养信息素养和数字技能、加强社区建设和互助合作等。只有这样，才能充分利用数字化服务的优势，保持社区凝聚力、维护社区和谐。

二、社会参与的城市建设模式

（一）社会参与与城市发展的关系

1. 社会参与对城市发展的重要性

社会参与在城市发展中的重要性不可忽视。它不仅影响着城市的整体形象，还对城市居民的生活质量产生深远的影响。

首先，社会参与能够提高城市的形象。当市民积极参与社区活动、志愿者工作和公益事业时，城市的形象就会得到提升。这种积极参与展示了一个城市的活力、凝聚力和创新力，能吸引更多的人来到这个城市，促进城市的经济发展。

其次，社会参与能够提高城市居民的生活质量。当市民在城市规划、公共设施建设、环境保护等方面拥有发言权时，他们的生活质量会得到提高。通过参与决策，市民能够更好地了解和满足彼此的需求，促进社区的和谐与稳定。

最后,社会参与有助于提高城市的治理水平。当市民参与城市治理时,他们可以更好地了解政府的政策、法规和决策,从而更好地监督政府的工作。同时,市民可以通过参与治理,提高自身的素质和能力,为城市的未来发展做出更大的贡献。

2. 社会参与对城市建设的影响

随着城市化进程的加快,社会参与在城市建设中的地位越来越重要。它不仅是构建和谐社会的需要,更是提升城市建设品质的关键。在城市建设中,社会参与能够加深公众对城市规划的认知和理解,使公众的声音被听到。通过广泛的社会参与,城市规划者可以了解到市民的需求和意见,从而做出更为合理、科学的规划决策。同时,社会参与有助于提高市民的归属感和责任感,促进城市可持续发展。

社会参与的形式有以下几种。

(1) 听证会和公众咨询

听证会和公众咨询是城市建设中常见的社会参与形式。在听证会和公众咨询中,市民可以就城市规划、建设等议题发表自己的看法和建议。政府相关部门或相关机构通过这些活动获取市民的意见,对城市建设方案进行优化和完善。

(2) 社区自治

社区自治是社会参与的重要形式之一。通过社区自治,市民可以参与到城市建设的具体事务,如社区绿化、公共设施建设等。这不仅能够提高市民的参与度,还能够培养市民的自我管理能力和主人翁意识。

(3) 志愿者活动

志愿者活动是社会参与的另一种形式。市民可以通过参与志愿者组织,参与城市建设。例如,参与公园绿地的维护、协助举办社区文化活动等。这些活动不仅能够提高市民的环保意识和文化素养,还能够增强市民的凝聚力和归属感。

社会参与对城市建设具有重要意义。首先,它能够提高城市规划的科学性和民主性,使城市建设更好地满足市民的需求。其次,社会参与有助于提高市民的环保意识和文化素养，促进城市的可持续发展。最后，社会参与能够增强市民的归属感和责任感，促进和谐社会的构建。

（二）社会参与的城市建设模式

1. 政府主导的建设模式

政府主导的建设模式是一种常见的城市建设模式，通常由政府作为主要投资者和决策者，通过制定城市规划、投入资金、提供政策支持等手段来推动城市建设。这种模式的优点在于能够快速实现城市建设目标，并确保城市建设的整体性和统一性。

在政府主导的建设模式下，政府通常会与一些专业的城市建设机构或企业合作，共同完成城市建设任务。这些机构或企业可能负责具体的项目实施、管理、运营等工作。政府主导的建设模式也可以促进城市经济的发展，通过大规模的基础设施建设和产业发展来吸引投资和人才。然而，政府主导的建设模式也存在一些问题。首先，政府的决策可能受政治因素的影响，导致城市建设偏离实际需求或存在腐败现象。其次，政府主导的建设模式通常需要大量的资金投入，这可能增加财政负担，也可能导致债务风险。最后，政府主导的建设模式可能存在缺乏市场竞争和创新的弊端，容易导致资源浪费和效率低下。因此，政府主导的建设模式需要与其他城市建设模式相结合，充分发挥市场机制的作用，促进城市建设的多元化和可持续发展。同时，政府需要加强监管和评估，确保城市建设的质量和效益。

2. 社会资本参与的建设模式

社会资本参与的建设模式是指在建设项目中引入社会资本，通过合作、投资、运营等方式，实现资源共享、风险共担、利益共享的一种建设模式。这种建设模式可以有效地提高建设项目的效率和质量，同时降低项目的风险和成本。在实践中，社会资本参与的建设模式有很多种形式，以下是其中比较常见的几种。

一是 PPP 模式（Public-Private-Partnership）。这是一种政府与社会资本

合作的建设模式，通过签署合同或协议，明确双方的权利和义务，共同投资、建设、运营和管理公共基础设施。这种模式可以实现政府和社会资本的优势互补，提高公共服务的效率和质量。

二是 BOT 模式（Build-Operate-Transfer）。这是一种由社会资本投资、建设、运营和管理公共基础设施，并在一定期限将项目移交给政府的建设模式。这种模式可以减轻政府的财政压力，同时引入先进的技术和管理经验。

三是 TOT 模式（Transfer-Operate-Transfer）。这是一种政府将已有的公共基础设施项目转让给社会资本，由社会资本负责运营和管理，并在一定期限将项目移交给政府的建设模式。这种模式可以盘活政府的存量资产，提高公共服务的效率和质量。

四是 BOO 模式（Build-Own-Operate）。这是一种社会资本全额投资建设公共基础设施，并拥有该设施所有权的模式。这种模式可以引入社会资本的先进技术和管理经验，提高公共服务的效率和质量。

无论哪种形式的社会资本参与的建设模式，都需要在实践中不断探索和完善。政府需要制定相关政策和法规，加强监管和协调工作，确保项目的顺利实施和社会资本的合法权益。同时，社会资本需要充分了解市场和政策环境，加强风险评估和管理，确保项目的投资回报和可持续发展。

3. 居民自治参与的建设模式

居民自治参与的建设模式是一种非常重要的社会参与的城市建设模式。在这种模式下，居民参与城市规划和城市建设，以实现城市的发展。

在居民自治参与的建设模式下，居民组织起来成立自治委员会，开展自我管理，以改善他们的居住环境。他们可以自行制定规划，筹集资金，开展城市建设活动，并对其进行管理和维护。这种建设模式有助于提高城市的宜居性，促进城市的发展，并有助于加强社区凝聚力。它也可以促进政府与居民之间的沟通和合作，以实现更好的城市建设目标。居民自治参与的建设模式是一种非常有价值的城市建设模式，可以促进城市的发展，提高居民的生活质量。

第二节 数字鸿沟与社会不平等

一、数字化服务的普及与不足

（一）数字鸿沟的形成及其影响

1. 数字技术的普及与不平等现象的产生

数字技术的普及在近年来确实引发了不平等现象。科技发展日新月异，数字技术已经深入各个领域，改变了人们的生活方式和社会结构。然而，这种进步并非人人平等，反而加剧了数字鸿沟，一些人能够更好地利用数字技术，另一些人则无法享受其带来的便利。

首先，数字技术的普及使信息和资源更加集中，从而拉大了贫富差距。在互联网时代，信息资源的获取和利用成为创造财富的重要手段。那些拥有先进技术和充足资金的人，能够更好地利用数字技术获取更多的信息和资源，进而在市场竞争中占据优势。而那些缺乏资金和技术的人，往往无法获得同等的机会，这使得不平等现象更加严重。

其次，数字技术的普及加剧了个人隐私保护的问题。在数字化时代，个人信息和隐私遭受侵犯的风险越来越高。一些人利用数字技术非法获取、盗用他人信息，进行诈骗、恶意竞争等不法行为，弱势群体在信息不对称的情况下更容易受到伤害。

最后，数字技术的普及使一些人过于依赖技术，忽视了自身能力和素质的提升。这些人往往只关注眼前的利益，而忽视了长远的发展。他们沉迷于网络游戏、社交媒体等虚拟世界，缺乏在现实生活的社交能力和实际技能，在面对实际问题时无法独立应对。

数字技术的普及在一定程度上加剧了不平等现象的产生。为了解决这一问题，需要采取措施来缩小数字鸿沟，让更多的人平等地享受数字技术带来的便利和机会。政府和社会各界应该加大投入力度，提供更多的技术支持和培训机会，帮助弱势群体提升自身能力和素质，从而更好地适应数字化时代的发展。同时需要重视个人隐私的保护问题，加强相关法律法规的制定，加大执行力度，让每个人享受到安全和尊重的待遇。

2. 数字鸿沟对个人与群体的影响

在这个数字化快速发展的时代，数字鸿沟已经成为一个不可忽视的问题。它不仅影响着个人的发展，也对整个群体产生了深远的影响。

首先，数字鸿沟对个人产生的影响是显而易见的。那些缺乏数字技能的人往往会在日常生活中遇到更多的困难。例如，他们可能无法有效地使用电子设备进行沟通、学习或工作。此外，数字鸿沟可能导致社会经济地位的差距进一步拉大，因为那些拥有数字技能的人往往能够获得更多的工作机会和更高的薪资。

其次，数字鸿沟对群体的影响不容忽视。在一些地区，由于普遍缺乏数字技能，整个社区的发展受到了阻碍。例如，在某些经济欠发达地区，由于缺乏数字技能和基础设施，当地的企业和居民往往无法有效地利用互联网进行商业活动或获取信息。这不仅导致了当地经济发展滞后，还使得当地的生活质量远远低于经济较发达的地区。

最后，数字鸿沟可能加剧社会分化。在一些国家，数字技术的普及程度和使用效率存在巨大的差异。一些人能够利用数字技术获取更多的机会和资源，另一些人则被排除在外。这种社会分化的现象不仅加剧了社会的不平等，还可能对社会的稳定产生负面影响。

为了削弱数字鸿沟的影响，需要采取积极的措施。首先，政府应该加大对数字教育的投入力度，提高人们的数字技能水平。其次，企业和社区应该积极推广数字技术的应用，帮助人们更好地适应数字化时代的生活。只有这样，才能够有效地缩小数字鸿沟，让更多的人享受到数字化带来的便利和机会。

（二）数字鸿沟与社会不平等的关系

1. 数字鸿沟与社会阶级、地位不平等的关系

在信息时代，数字技术的迅速发展和普及使得人们的生活方式、工作方式和社交方式发生了巨大的变化。然而，数字鸿沟的存在却使得社会中不同阶层和地位的人在获取和使用数字技术方面存在着巨大的差异。这种差异不仅影响着人们的生活质量，也加剧了社会的不平等。

首先，数字鸿沟与社会阶层的不平等有着密切的联系。在发达国家，数字技术的普及和应用程度较高，数字技术对处于上层社会的人来说已经是生活中不可或缺的一部分。然而，对处于下层社会的人来说，由于经济条件、教育水平等多种因素的限制，他们获取和使用数字技术的能力往往较低。这种数字技术的缺失使得他们在求职、社交、获取公共服务等方面处于劣势，从而进一步加剧了社会的不平等。

其次，数字鸿沟与社会地位的不平等有关。在一些发展中国家和贫困地区，由于经济落后、基础设施不完善等，数字技术的普及程度较低。这使得这些地区的人们难以获取和利用数字技术来提高自己的生活水平和生产效率，而那些拥有数字技术的人可以获取更多地社会资源和权利，这进一步加剧了社会地位的不平等。

最后，数字鸿沟的存在会加剧社会的分裂和不信任。由于数字技术的普及程度不同，不同阶层和地位的人在获取信息、知识、社交网络等方面存在巨大的差异。这使得一些人感到自己被排除在社会主流之外，从而产生不满和抵触情绪。这种情绪的积累会加剧社会的分裂和不信任，不利于社会的稳定和发展。

2. 数字鸿沟对公共服务和资源分配的影响

在数字化时代，数字鸿沟已经成为一个不可忽视的问题。它不仅影响着社会的经济发展，还对公共服务和资源分配造成了深远的影响。

首先，数字鸿沟会导致公共服务的提供和分配不平等。在一些经济较发

达的地区，数字技术已经广泛应用于公共服务领域，如在线教育、远程医疗等。然而，在一些经济欠发达地区，由于缺乏数字基础设施和相关技术，这些服务无法得到有效的提供。这导致公共服务的分配不均和部分人群的获取困难。

其次，数字鸿沟影响了资源的分配。在数字化时代，信息是一种宝贵的资源。然而，由于一些地区缺乏必要的数字技术和基础设施，他们无法有效地获取和利用这些资源。这导致资源的浪费和分配不均，进一步加剧了社会的不平等。

二、缩小数字鸿沟的社会策略

（一）提高公众对数字技术的认知和使用能力

随着数字技术的飞速发展，越来越多的人开始意识到数字技术的重要性。但是，仍有很多人对于如何使用数字技术感到困惑。因此，提高公众对数字技术的认知和使用能力至关重要。

首先，政府应该加大普及数字技术的力度。可以通过开展各种形式的宣传活动、举办数字技术培训班、提供数字技术支持等方式，帮助公众更好地了解数字技术。此外，政府可以制定相关政策，鼓励企业加大对数字技术的研发和应用力度，推动数字经济的发展。

其次，教育机构应该加强对数字技术的教育。可以通过开设数字技术课程、举办数字技术竞赛、提供数字技术实习机会等方式，提高学生的数字技术水平。此外，教育机构可以通过开展各种形式的科研活动，鼓励师生共同探索数字技术的未来发展方向。

最后，企业应该加强对员工的数字技术培训。可以通过举办数字技术培训课程、提供数字技术支持等方式，帮助员工更好地掌握数字技术。此外，企业可以通过开展各种形式的创新活动，鼓励员工探索数字技术的应用前景，推动企业的数字化转型。

提高公众对数字技术的认知和使用能力需要全社会的共同努力。政府、教育机构和企业都应该发挥自己的作用，共同推动数字技术的发展和应用，为社会的进步和发展做出贡献。

（二）优化数字化服务的发展结构和模式

随着数字化时代的到来，优化数字化服务的发展结构和模式已经成为各行业的必然趋势。数字化服务不仅能够提高效率，降低成本，还能够更好地满足消费者的需求，提升企业的竞争力。

在优化数字化服务的发展结构和模式方面，首先需要转变观念，从传统的以产品为中心的服务模式向以客户为中心的服务模式转变。这意味着需要更加注重消费者的需求和体验，从消费者的角度出发，提供更加个性化、便捷的服务。

其次，需要加强数字化服务的基础设施建设。数字化服务需要稳定、高效的网络和计算机系统支持，因此需要加大投入力度，提升数字化服务的技术水平和硬件设施。同时需要加强数字化服务的网络安全和数据保护，保障消费者的隐私和数据安全。

再次，需要创新数字化服务的模式和手段。数字化时代提供了丰富的技术手段和创新模式，企业需要结合自身的特点和市场需求，探索新的数字化服务模式，如移动支付、在线教育、远程医疗等。同时需要不断更新数字化服务的手段和技术，提高数字化服务的水平和质量。

最后，需要建立数字化服务的生态系统。数字化服务不是孤立的，需要与上下游企业、合作伙伴共同构建生态系统。通过建立合作伙伴关系，共享资源和技术，共同开发数字化服务，推动数字化服务的发展和创新。

优化数字化服务的发展结构和模式是数字化时代的必然要求。企业需要从转变观念、加强基础设施建设、创新服务模式和手段、建立数字化服务的生态系统等方面入手，不断提升数字化服务的质量和水平，满足消费者的需求和期望，提升企业的竞争力。

(三) 政府和社会组织在解决数字鸿沟问题中的作用

随着信息技术的快速发展，数字鸿沟问题日益凸显。数字鸿沟不仅存在于不同地区、不同收入水平的人群之间，还存在于不同年龄、不同教育水平的人群之间。为了解决这个问题，政府和社会组织都在积极发挥作用。

政府在缩小数字鸿沟问题中扮演着重要的角色。首先，政府可以通过制定政策来推动数字经济的发展，提高信息技术的普及率。政府可以出台相关政策，鼓励企业增加对信息技术的投资，提高信息技术在各行各业的应用水平。其次，政府可以通过提供公共服务来缩小数字鸿沟。政府可以加大对公共图书馆、社区中心等公共场所的投入力度，为这些场所提供必要的信息技术设备和服务。这样可以让更多的人接触信息技术，提高他们的信息技术水平。最后，政府可以通过开展宣传教育活动来加深公众对数字鸿沟问题的认识。政府可以通过各种渠道，如电视、广播、报纸等媒体，宣传数字鸿沟问题的严重性，提高公众对数字鸿沟问题的认识和重视程度。

社会组织在缩小数字鸿沟中扮演着重要的角色。首先，社会组织可以开展各种公益活动，为弱势群体提供必要的信息技术设备和服务。社会组织可以开展免费的信息技术培训课程，帮助弱势群体提高信息技术水平。其次，社会组织可以与政府合作，共同开展缩小数字鸿沟的研究和调查。通过研究和调查，更加深入地了解数字鸿沟问题的本质和原因，为解决数字鸿沟提供更加科学的依据。最后，社会组织可以通过倡导和游说的方式，促使政府和企业更加关注数字鸿沟问题，并采取有效的措施来解决这个问题。

政府和社会组织在缩小数字鸿沟中都扮演着重要的角色。只有政府和社会组织共同努力，才能够有效地解决数字鸿沟问题。

第三节　隐私保护与数据伦理

一、数字化服务中的隐私风险

（一）隐私保护的重要性

1. 隐私保护对个人权益的保障

在数字化时代，个人信息的隐私保护显得尤为重要。随着科技的发展，人们的生活与数字世界的联系越来越紧密，从在线购物到远程办公，从社交媒体到电子支付，每一处都涉及个人信息的共享和存储。因此，隐私保护对于个人权益的保障至关重要。

首先，隐私保护有助于保障个人自由。每个人都有权掌控自己的个人信息，包括联系方式、家庭住址、财务状况等。保护这些信息不被滥用，人们可以确保自己的生活不受到不必要的干扰。如果一个人的电话号码被非法获取，那么他可能被迫接收无尽的骚扰电话，甚至面临财产损失。通过隐私保护，人们可以防止这种情况的发生，从而保障人们的自由。

其次，隐私保护有助于保护个人权益。在很多情况下，个人信息被泄露可能导致身份盗窃、欺诈等违法行为。如果一个人的个人信息被盗取，他可能面临经济损失、信用受损甚至法律纠纷。通过隐私保护，人们可以确保自己的个人信息不被非法获取并用于不正当行为，从而保护人们的个人权益。

最后，隐私保护有助于提高个人的社会地位。当一个人对自己的个人信息有足够的掌控权时，他可以更有自信地参与社交活动，更自由地表达自己的观点和想法。这种自信和自由可以提升他在社会中的地位和影响力。相反，如果一个人的个人信息被滥用，他可能感到不安和焦虑，无法充分发挥自己的潜力。

隐私保护对个人权益的保障具有重要意义。在数字化时代，人们需要更加重视个人信息的保护，确保人们的生活自由、经济安全和社会地位不受侵犯。为此，政府需要加强法律法规的制定加大执行力度，提高公众的隐私保护意识，推动科技的发展和创新。只有这样，人们才能在享受科技带来的便利的同时，充分保障自己的个人权益。

2. 隐私保护促进数字化服务发展

在数字化时代，隐私保护已经成为一个重要的问题。随着对隐私问题的关注度的不断提高，许多数字化服务开始采取措施来保护用户的隐私。这些措施不仅有助于提高用户对数字化服务的信任度，还有助于促进数字化服务的发展。

首先，隐私保护可以增加用户对数字化服务的信任度。如果一个数字化服务能够保护用户的隐私，那么用户就会更加相信这个服务，并更愿意使用它。这种信任度不仅可以提高用户对当前数字化服务的忠诚度，还可以帮助该数字化服务吸引更多的新用户。

其次，隐私保护可以促进数字化服务不断创新和改进。为了更好地保护用户的隐私，数字化服务需要不断探索和研究新的技术和管理方法。这些新技术和新方法不仅可以提高数字化服务的效率和质量，还可以帮助数字化服务更好地满足用户的需求。

最后，隐私保护可以提高数字化服务在市场上的竞争力。如果一个数字化服务能够有效地保护用户的隐私，那么它就可以在市场上拥有更多的竞争优势，因为用户更愿意选择那些能够保护他们隐私的服务。这种竞争优势可以帮助数字化服务在市场上获得更多的机会。

（二）数字化服务中的隐私风险

1. 数据泄露事件频发

近年来，随着互联网和数字技术的快速发展，人们的生活越来越离不开数字化服务。然而，数字化服务在为人们带来便利的同时，也带来了诸多隐私风险。其中，数据泄露事件频发，给个人隐私和企业信息安全带来了严重威胁。

据相关报道，在2023年，有多起涉及个人隐私的数据泄露事件。这些事件中，有些涉及个人身份信息，有些涉及个人金融信息，还有些涉及个人通信信息等。这些信息一旦被不法分子获取，很可能被用来进行诈骗、恶意营销等违法活动，给个人和社会带来不良影响。除了个人隐私，企业信息安全也面临着同样的威胁。在数字化时代，企业之间的竞争越来越激烈，很多企业都通过数字化手段来提高自身竞争力。然而，这也增强了企业数据的泄露风险。有些黑客可能利用漏洞攻击企业网站或者服务器，获取商业机密、客户信息等敏感数据，给企业带来经济损失和声誉损失。为了应对这些隐私风险，企业和个人都需要加强信息安全保护意识。首先，企业和个人都应该加强网络安全措施，及时更新系统和软件，避免使用弱密码或者公共密码等不安全方式进行身份验证。其次，企业和个人都应该对重要数据进行加密处理，避免数据轻易泄露。最后，企业和个人都应该加强对第三方合作伙伴的审查和管理，避免因合作伙伴的疏忽导致数据泄露事件的发生。如何规避数字化服务中的隐私风险是当前亟待解决的问题之一。只有加强信息安全保护意识，采取有效的措施来保障个人隐私、保障企业信息安全，才能更好地享受数字化服务带来的便利。

2. 隐私保护法规的缺失

在数字化服务中，隐私风险是一个不容忽视的问题。由于缺乏有效的隐私保护法规，用户在享受数字化服务时往往存在隐私泄露的风险。

一方面，许多互联网公司会收集用户的个人信息，包括姓名、性别、年龄、职业等，这些信息在某些情况下可能被用于广告或其他商业目的。此外，一些应用程序会收集用户的地理位置、通信录等信息，这些信息如果被不法分子利用，可能对用户的隐私造成严重威胁。

另一方面，数字化服务中的隐私风险表现在数据泄露方面。由于一些互联网公司的安全措施不够完善，用户的个人信息可能被黑客盗取或被内部人员泄露。这些信息一旦落入不法分子手中，可能对用户的财产安全和人身安全造成严重威胁。

3. 缺乏有效的隐私保护技术手段

在数字化服务中，隐私风险是一个令人担忧的问题。由于缺乏有效的隐私保护技术手段，用户的个人信息和数据有被泄露和滥用的风险。一些数字化服务提供商可能利用用户数据的价值来获取利润，如通过广告或数据分析来赚取收入。这些服务提供商可能将用户的个人信息和行为数据用于不良目的，如针对用户的偏好进行推销或对用户进行不公正的定价。另外，一些恶意攻击者可能利用数字化服务的漏洞来窃取用户的个人信息和数据，以便进行欺诈或身份盗窃等活动。这些攻击者可能通过各种手段来绕过安全措施，如使用恶意软件或进行社会工程学攻击。由于缺乏有效的隐私保护技术手段，这些风险很难得到有效预防。因此，用户在使用数字化服务时应该格外小心，并采取必要的措施来保护自己的隐私。例如，用户可以使用信誉良好的服务提供商，避免在不受信任的网站上输入敏感信息，定期更新和升级软件和操作系统等。

（三）加强隐私保护的措施

1. 强化立法，完善法规

为了加强隐私保护，政府和企业需要采取一系列措施来确保个人数据的安全。强化立法和完善法规便是其中之一。政府应该制定更加严格的法律法规，明确个人隐私的范围和保护方式，对侵犯个人隐私的行为进行严厉打击。同时，企业应该加强内部管理，制定更加严格的隐私保护政策和操作流程，确保员工在处理个人数据时遵守相关法规和规定。除了政府和企业，个人也需要提高隐私保护意识，加强自我保护。例如，个人在使用互联网时应该注意保护自己的个人信息，不轻易泄露给陌生人。在社交媒体上，个人应该注意设置隐私权限，避免自己的个人信息被滥用。同时，个人应该加强对网络安全的了解和学习，提高自己的网络安全意识和技能，避免遭受网络攻击和侵犯。

2. 提升隐私保护的技术手段

随着互联网的普及和信息技术的发展，个人隐私保护面临的挑战也越来越严峻。为了更好地保护个人隐私，除了加强法律和政策监管，还需要不断提升隐私保护的技术手段。

首先，强化密码技术是保护个人隐私的重要手段。密码技术可以通过加密算法对个人信息进行加密处理，使个人信息在传输过程中不被窃取和篡改。同时多因素身份认证技术的使用可以增加密码的安全性，防止非法入侵。

其次，数据脱敏技术可以有效防止个人信息泄露。数据脱敏是指将敏感数据替换成无意义的数据，使得数据无法被识别和利用。在数据处理和分析过程中，数据脱敏技术的使用可以保护个人隐私不被泄露。

再次，区块链技术可以用于个人隐私保护。区块链技术的特点是去中心化、可追溯性和高度安全。通过区块链技术，个人信息可以被加密存储和传输，也可以被追溯和验证，从而有效防止个人信息被篡改或泄露。

最后，人工智能技术可以用于个人隐私保护。人工智能技术可以通过机器学习和深度学习等技术手段对数据进行分类、分析和预测，从而发现潜在的个人隐私泄露风险。同时，人工智能技术可以用于数据脱敏和加密存储等方面，增强个人隐私保护的效果。

3. 建立行业自律机制

建立行业自律机制是加强隐私保护的重要措施之一。这种机制可以促进各行业之间的合作和协调，共同遵守法律法规和道德规范，保护用户的隐私、保障数据安全。

首先，行业自律机制需要建立完善的组织机构和规章制度，明确各行业的职责和义务，制定行业标准和规范，确保各行业在开展业务时遵守相关法律法规和道德规范。

其次，行业自律机制需要加强对各行业的监督和管理，建立投诉处理机制和惩戒机制，对违反法律法规和道德规范的行为进行惩戒和处罚，确保各行业在保护用户隐私、保障数据安全方面承担应有的责任。

再次，行业自律机制需要加强对用户隐私和数据安全的宣传和教育，提高用户的意识和自我保护能力，加强对用户个人信息的保护和使用，防止用户信息被泄露和滥用。

最后，行业自律机制需要建立完善的合作机制和信息共享平台，加强各行业之间的合作和协调，共同应对网络安全威胁和侵犯用户隐私的行为，提高整个行业的安全性和稳定性。

二、数据伦理在城市管理中的角色

（一）数据伦理在城市管理中的重要性

1. 保护个人隐私权

数据伦理在城市管理中的重要性不容忽视。随着城市信息化和数字化进程的加快，城市管理越来越依赖于数据的收集和使用。然而，这也带来了个人隐私权的保护问题。城市管理，可能收集大量涉及个人隐私的信息，如个人身份信息、健康信息、家庭住址等。这些信息一旦泄露或被不当使用，可能对个人隐私造成严重威胁。因此，数据伦理在城市管理中扮演着至关重要的角色。首先，数据伦理要求城市管理者在收集和使用数据时充分尊重和保护个人隐私。这意味着在收集和使用数据时，必须经过个人同意，并采取必要的措施确保数据的安全性和保密性。其次，数据伦理要求城市管理者制定严格的政策和标准来管理和使用数据。这包括对数据的访问权限进行严格控制，禁止未经授权的数据泄露和使用。同时，城市管理者应该建立有效的监督机制，对数据的收集和使用进行监督和检查，确保数据使用的合法性和合规性。最后，数据伦理要求城市管理者加强公众教育和宣传，提高公众对个人隐私权的认识和保护意识。只有当公众对个人隐私权的保护有足够的认识和重视时，才能有效保障个人隐私权不受侵犯。

2. 维护社会公正和建立信任

随着城市化的加快和数字化进程的推进，数据伦理在城市管理中的重要性日益凸显。数据是城市管理的基础，也涉及公民的隐私、权利和利益。因此，数据伦理在城市管理中具有维护社会公正和信任的重要作用。

首先，数据伦理有助于维护社会公正。在城市管理中，数据被广泛用于决策和资源分配。例如，通过数据分析，政府可以更准确地了解城市的交通状况和需求，并制定更有效的交通政策。但是，如果数据的收集、处理和使用过程中存在伦理问题，就可能导致不公平的结果。如果数据的收集存在偏见，就可能导致某些群体受到不公平的待遇。因此，数据伦理要求数据的收集、处理和使用过程公正、透明，以确保所有人平等地受益于城市管理政策。

其次，数据伦理有助于建立信任。在数字化时代，人们的生活和城市管理密切相关。人们需要相信政府和城市管理机构会以公正、透明的方式使用和处理数据。如果政府和城市管理机构不遵守数据伦理规范，就可能降低人们对政府和城市管理机构的信任感。因此，数据伦理要求政府和城市管理机构尊重公民的隐私权，确保数据的正确使用和处理。

数据伦理在城市管理中具有维护社会公正和建立信任的重要作用。随着数字化进程的推进，数据在城市管理中的重要性将进一步加强。因此，政府和城市管理机构应加强数据伦理建设，确保数据的公正、透明使用和处理，以促进城市的可持续发展，维护社会的稳定与和谐。

3. 提高城市管理的效率

随着城市化进程的加快，城市管理面临越来越多的挑战。在这个过程中，数据伦理在城市管理中扮演着越来越重要的角色。它不仅有助于提高城市管理效率，还可以保护个人隐私、保障数据安全。

首先，数据伦理可以提高城市管理的效率。在城市管理中，数据是决策的重要依据。通过合理的收集、分析和利用数据，更好地了解城市的发展状况、交通情况、公共设施需求等信息，为决策者提供更加准确和及时的数据支持。同时，数据伦理可以促进数据的共享和整合，使不同部门之间的信息交流更加畅通，避免重复工作和浪费资源。

其次，数据伦理可以保护个人隐私、保障数据安全。城市管理涉及大量的个人信息和敏感信息，如人口普查数据、交通出行数据等。这些信息如果被不正当利用或者泄露，会对个人隐私和数据安全造成威胁。可以通过数据伦理的规范和约束，确保数据的合法合规使用，避免个人信息被滥用和泄露的风险。

最后，数据伦理可以促进城市的可持续发展。城市规划涉及土地利用、环境保护、资源分配等方面的问题。可以通过数据伦理的引导，更好地利用数据进行可持续的城市规划，缓和不同利益之间的矛盾，促进城市的可持续发展。

数据伦理在城市管理中扮演着越来越重要的角色。它不仅可以提高城市管理的效率，还可以保护个人隐私、保障数据安全，促进城市的可持续发展。因此，城市管理应该重视数据伦理的重要性，加强数据伦理的建设和管理，为城市的可持续发展提供有力的保障。

（二）数据伦理在城市管理中的应用

1. 智能交通系统中的数据伦理问题

在智能交通系统的应用中，数据扮演着至关重要的角色。通过对数据的收集、分析和利用，智能交通系统能够实现道路使用效率的最大化，减少交通拥堵和事故，增强出行体验。在这个过程中，数据的伦理问题也逐渐暴露。

首先，数据的隐私保护是一个核心问题。在智能交通系统中，大量的个人数据被收集，包括出行目的、路径选择、出行时间等。这些数据可能在不经意间泄露个人隐私，例如，可以通过分析一个人的出行数据，推断其住址、工作地、日常活动范围等信息。因此，如何在收集和使用数据的同时保护个人隐私，是智能交通系统面临的一个重要挑战。

其次，数据的公正性问题值得关注。在智能交通系统中，数据可能会带来积极影响，也可能带来不良影响。如果某个地区的交通管理部门仅通过数据分析来调整交通信号灯的时间，那么那些没有安装智能设备或没有接入智能交通系统的车辆可能处于不利地位。因此，如何在数据使用中体现公正性，避免数据带来的不公平现象，是智能交通系统数据伦理问题的另一个重要方面。

最后，数据的责任性问题不容忽视。在智能交通系统中，一旦发生交通事故或安全问题，如何确定责任是一个重要的问题。如果一辆自动驾驶汽车在行驶过程中发生了事故，责任应该由谁承担？是车辆的所有者还是汽车制造商，或者是提供自动驾驶技术的软件供应商？因此，在智能交通系统的设计和使用中，需要明确各方的责任和义务，避免未来可能出现的法律纠纷和道德争议。政府和相关机构也应该加强对智能交通系统数据使用的监管和管理。例如：可以制定严格的数据使用法规和政策，确保数据的合法使用；可以建立独立的数据伦理审查机构，对智能交通系统的数据使用进行审查和监督。

2. 公共安全监控与隐私权保护

在城市管理中，公共安全监控和隐私权保护之间的平衡一直是一个挑战。随着技术的发展，相关人员面临更多的伦理问题。数据伦理在这个问题上起着至关重要的作用。

公共安全监控可以预防犯罪、维护公共秩序、保障公众的生命和财产安全。如果监控过度，就可能侵犯个人隐私权。因此，需要寻找一种平衡，确保公共安全监控不会侵犯公民的合法权益。

数据伦理在解决这个问题方面具有指导意义。首先，需要明确数据收集的范围和目的。在城市管理中收集数据时，必须明确收集的目的和范围，并确保数据的安全性和保密性。如果数据被滥用或泄露，就可能对个人隐私造成侵犯。其次，需要考虑数据的存储和使用。在存储和使用数据时，必须采取必要的安全措施，防止数据泄露或被非法获取。同时，需要对数据进行分类，对敏感数据进行加密或匿名化处理，以保护个人隐私。最后，建立监督机制和问责制度。监督机制可以确保公共安全监控的合理性和合法性，问责制度可以追究相关人员的责任,有助于防止监控过度或滥用,保护公民的隐私权。

3. 大数据分析在城市规划中的应用及伦理考虑

随着科技的发展,大数据分析在城市规划中的应用已经成为一种趋势。通过对大量数据的收集、分析和挖掘,更好地了解城市的发展状况,预测未来的趋势,为城市规划提供更加科学、精准的决策依据。

大数据分析在城市规划中的应用表现在以下几个方面。

(1)城市交通规划

大数据分析可以帮助城市规划者更好地了解城市交通状况,如交通流量、车速、路况等,从而为交通规划提供更加准确的数据支持。例如,通过对道路交通数据的分析,预测未来的交通状况,为道路建设和改造提供依据。

(2)城市环境监测

大数据分析可以实时监测城市环境状况,如空气质量、噪声污染、水质等,从而为环境保护提供更加准确的数据支持。例如,通过对空气质量数据的分析,预测未来的空气质量状况,为环保措施的制定提供依据。

(3)城市社会经济发展

大数据分析可以帮助城市规划者更好地了解城市社会经济发展状况,如人口分布、就业情况、产业结构等,从而为城市经济发展提供更加准确的数据支持。例如,通过对人口分布数据的分析,预测未来的城市人口状况,为城市产业布局提供依据。

大数据分析在城市规划中的伦理考虑应注意以下几点。

(1)数据隐私保护

在进行大数据分析时,人们需要收集大量的个人信息和敏感信息,如身份证号、住址、收入等。这些信息一旦被泄露,将严重侵犯个人隐私。因此,人们需要采取措施保护个人隐私,如数据加密、数据脱敏等。

(2)数据公正性

在进行大数据分析时,人们需要保证数据的公正性,避免数据歧视和数据偏见。例如，在制定环保政策时，不能因为某些地区人口密度大而忽略其环保需求。

（3）数据透明性

在进行大数据分析时，人们需要保证数据的透明性，让公众了解数据的来源和使用方式。这样可以增强公众对数据的信任度，减少误解和疑虑。例如，在公开城市规划方案时，需要同时公开相关的数据和分析结果。

（三）数据伦理与城市管理中的法律和政策

1. 数据保护法律和政策的现状和挑战

随着信息技术的迅猛发展，个人和企业数据的生成和利用越来越普遍，数据保护法律和政策的重要性也日益凸显。然而，在实践中，数据保护法律和政策面临着诸多挑战。

首先，数据保护法律和政策的制定和实施存在一定的困难。虽然许多国家已经制定了相关的法律法规，但是在实际操作中，如何准确界定个人和企业的数据权益，如何平衡数据利用和隐私保护的关系，如何有效监管数据保护的执行等都存在一定的问题。

其次，数据保护法律和政策面临不断变化的挑战。随着技术的进步和社会环境的变化，数据的性质和利用方式也在不断变化。例如，随着人工智能技术的发展，个人和企业数据的利用方式越来越复杂，数据保护法律和政策需要不断调整和完善以适应这种变化。

最后，数据保护法律和政策需要考虑国际合作的问题。由于数据的跨国流动越来越普遍，各国之间的数据保护法律和政策需要相互协调，以确保数据的合法利用和隐私保护。然而，由于不同国家的法律和文化存在差异，国际合作面临诸多困难和挑战。

数据保护法律和政策是城市管理中不可或缺的一部分。然而，在实际操作中，数据保护法律和政策面临诸多挑战。为了应对这些挑战，需要进一步完善相关法律法规和技术手段，加强国际合作，以维护个人和企业数据的合法权益。

2. 建立和完善数据伦理的规范和标准

在城市管理过程中，数据伦理和法律政策的建立和完善至关重要。随着城市信息化和数字化进程的加快，城市管理面临越来越多的数据挑战和伦理问题。为了确保数据的可信度和质量，以及保护公民的隐私和权益，城市管理需要建立和完善数据伦理的规范和标准。

首先，城市管理需要建立明确的数据使用规则和目的。数据的采集和使用必须符合道德规范和法律法规，不得侵犯公民的隐私权和人格尊严。同时，城市管理机构需要制定数据使用的审批程序和监管机制，确保数据使用的合法性和规范性。

其次，城市管理需要建立完善的数据质量评估和管理机制。数据的质量直接影响决策的准确性和公正性，因此，城市管理机构需要建立完善的数据质量评估标准和管理机制，确保数据的真实性和可信度。同时，城市管理机构需要采取措施，对数据进行保密和安全保护，防止数据被泄露和滥用。

最后，城市管理需要建立完善的数据公开和共享机制。数据的公开和共享是促进城市发展和提高公共服务水平的重要手段，但也涉及隐私保护和权益保障的问题。因此，城市管理机构需要建立完善的数据公开和共享机制，明确数据的共享范围和用途，以及数据使用的审批程序和监管机制，确保数据的使用合法性和规范性。

在城市管理中，数据伦理和法律政策的建立和完善至关重要。只有建立完善的数据规范和标准，才能确保数据的可信度和质量，保护公民的隐私和权益，促进城市的可持续发展。

3. 加强数据使用的监管和问责机制

随着数字化时代的到来，数据已经成为企业决策的重要依据。然而，数据的滥用和误用也可能带来严重的后果。因此，加强数据使用监管和问责机制显得尤为重要。

首先，企业应该建立完善的数据使用管理制度，明确数据的归属权、使用权限和保密责任。同时，企业应该完善数据使用审批流程，确保数据的合规使用。对于违规使用数据的行为，企业应该及时予以惩戒，以保障数据安全。

其次，政府应该加大对数据使用的监管力度。政府可以出台相关法律法规，明确数据使用的规范和标准。同时，政府可以建立数据使用监管机构，对企业的数据使用行为进行监督和管理。对于违规使用数据的企业，政府应该依法予以惩处，以维护市场的公平和公正。

最后，社会各界应该加强对数据使用的关注和监督。媒体、公众和消费者组织应该积极参与对企业的监督，共同保障数据的安全。同时，专家学者应该加强对数据使用的研究和分析，为政府和企业提供更加科学、合理的建议和意见。

加强数据使用监管和问责机制是数字化时代的必然选择。只有建立健全的制度体系和管理机制，才能确保数据的安全和合规使用。同时，政府、企业和社会的共同努力必不可少。只有共同协作、共同监督，才能推动数据的合理使用，保障数据安全。

第六章 结语与未来展望

第一节 数字化服务的成果回顾

一、研究成果总结

1. 数字化服务在图书馆创新中的成果展示

随着科技的发展,数字化服务已经成为现代图书馆中不可或缺的一部分。图书馆作为知识资源的聚集地,旨在为读者提供更为便捷、高效、个性化的服务。数字化服务的引入,使得图书馆在创新方面取得了显著的成果。

在过去的几年里,越来越多的图书馆开始引入数字化服务,为读者提供更好的阅读体验。读者可以通过图书馆的网站或移动应用程序访问海量的电子资源,包括电子书籍、视频课程等。此外,图书馆提供了一系列数字化服务,如在线咨询、文献传递、电子文献检索等。这些服务使读者可以随时随地获取所需信息,不受时间和地点的限制。

图书馆在数字化服务方面不断创新,能提高服务质量。一些现代化的图书馆已经成功地引入人工智能技术,实现了智能化的信息检索和推荐系统。通过与机器人进行对话,读者可以轻松地获取相关的文献信息,这种智能化的服务模式大大提高了检索效率,为读者节省了宝贵的时间和精力。这些图书馆的智能化信息检索和推荐系统不仅具备高度的准确性和可靠性,还能够根据读者的兴趣爱好和阅读习惯进行个性化推荐。这种智能化的服务模式不仅为读者提供了更加便捷的文献获取方式,也为图书馆的管理人员减轻了工作压力，他们能够更加高效地进行资源管理和服务。此外，这些图书馆的智能化信息检索和推荐系统能够实时更新，确保读者始终获取最新的文献信息。这种智能化的服务模式不仅提高了读者的满意度，也为图书馆的发展提供了强有力的支持。同时，一些图书馆利用大数据技术对读者的借阅行为进行分析，以提供个性化的阅读推荐。这些创新的应用，使图书馆更好地满足读者的需求。

为了提高数字化服务的普及率、扩大其影响力，一些图书馆还采取了一系列推广措施。例如，定期举办数字化服务宣传活动，向读者介绍最新的数字化资源和服务；通过社交媒体等渠道与读者进行互动，收集读者的反馈和建议，不断提高服务质量。这些推广活动有助于提高数字化服务的知名度、扩大其影响力。

数字化服务已经成为现代图书馆创新发展的重要方向。通过引入先进的科技手段，图书馆可以为读者提供更为便捷、高效、个性化的服务。在未来，随着科技的发展，数字化服务将在图书馆中发挥更大的作用，为读者带来更好的阅读体验。

2. 成果回顾对图书馆创新的推动作用

在图书馆发展的过程中，成果回顾是一种非常重要的工作方式。对以往工作的回顾可以发现自己的优势和不足，总结经验教训，为未来的工作提供参考。同时，成果回顾是一种激励手段，可以激发工作人员的积极性和创造力，推动图书馆的创新和发展。

首先，成果回顾可以帮助图书馆发现自身的优势和不足。通过对以往工作的总结和分析，发现哪些方面的工作做得比较好，哪些方面还有待提高。这样可以有针对性地进行改进，提高图书馆的服务质量和效率。

其次，成果回顾可以为图书馆的未来发展提供参考。通过对以往工作的总结和分析，预测未来可能出现的问题和面临的挑战，从而做好准备。这样可以更好地应对未来的变化，保持图书馆的竞争力和活力。

最后，成果回顾可以激发图书馆工作人员的积极性和创造力。通过对以往工作的总结和分析,让工作人员看到自己的工作成果和价值,从而产生成就感和自豪感。这样可以激励工作人员更加积极地投入工作,为图书馆的创新和发展贡献自己的力量。

成果回顾是推动图书馆创新的重要手段。通过总结和分析已有工作的成果和不足,为未来的工作提供参考和借鉴。同时,可以激发工作人员的积极性和创造力,为图书馆的创新和发展注入新的活力。因此,人们应该重视成果回顾工作,不断总结经验教训,推动图书馆的创新和发展。

二、数字化服务对图书馆的启示

(一)数字化服务的发展历程

1. 数字化服务的起源

数字化服务可以追溯到 20 世纪末,当时计算机技术和互联网技术得到了快速发展,这为数字化服务的产生提供了技术基础。随着个人电脑和互联网的普及,人们开始意识到计算机和互联网的巨大潜力,开始探索如何利用这些新技术来提供更高效、更便捷的服务。

数字化服务的最初形式是电子化服务,即将传统的服务流程通过计算机系统来实现,如银行、电信、航空等行业的在线服务。这些服务通常需要用户自己通过计算机输入相应的信息,系统根据用户输入的信息提供相应的服务。虽然这些服务已经初步实现了数字化,但是它们并没有充分利用人工智能和大数据等先进技术,因此还存在一些问题,例如,用户需要自己输入信息,服务效率和服务质量难以得到保证等。

随着人工智能和大数据等技术的发展,数字化服务逐渐进入智能化阶段。在这个阶段,数字化服务开始利用人工智能和大数据等技术来提升服务效率和服务质量。例如:通过人工智能技术,数字化服务可以实现自动回复和自动推荐等,从而减少用户输入的步骤,提高服务效率;通过大数据技术,数字化服务可以对用户的行为进行分析,从而提供更加个性化的服务。目前,数字化服务已经深入各个领域，包括金融、教育、医疗、娱乐等。未来，随着技术的发展，数字化服务将更加智能化、个性化、高效化，为人们的生活带来更多的便利。

2. 数字化服务的快速发展阶段

随着数字化服务的快速发展，人们的生活正在经历前所未有的变革。在信息技术的推动下，各行各业都在逐步实现数字化转型，以提升效率、优化服务体验和满足用户需求。

在医疗领域，数字化服务已经得到了广泛应用。通过数字化技术，医院可以提供远程诊疗、在线预约、电子病历等高效、便捷的服务。同时，大数据和人工智能技术的应用可以帮助医生进行疾病诊断和制定治疗方案，提高医疗质量和效率。

在教育领域，数字化服务已经成为教育现代化的重要手段。在线教育、数字化资源库、智能教学系统等新型教育模式兴起，为学生提供更加个性化、自主化的学习体验。

在金融领域，数字化服务已经成为行业创新的重要方向。数字化金融产品和服务层出不穷，如移动支付、网上银行、数字货币等，为用户提供了更加便捷、高效、安全的金融服务。

在农业领域，数字化服务正在改变传统的农业生产方式。通过应用大数据、物联网、智能农业等技术，农民可以实现对农作物的精准管理、土壤监测、气象预测等，提高农业生产效率和管理水平。

数字化服务的快速发展正在深刻改变人们的生活和工作方式。未来，随着技术的进步和应用领域的拓展，数字化服务将在更多领域得到广泛应用，为人们带来更多的便利和效益。

3. 数字化服务的现状及未来趋势

数字化服务已经成为现代图书馆不可或缺的一部分。它不仅为读者提供了更加便捷的获取信息的方式，还为图书馆带来了更高的效率和更好的读者体验。

目前，大部分图书馆都提供了数字化服务，包括电子图书、视频课程等资源的借阅和下载。这些资源可以通过图书馆的网站或者移动应用程序进行访问，读者可以在任何时间、任何地点获取所需信息。数字化服务还为图书馆带来了更多的机会。图书馆可以通过数字化服务提供更加个性化的推荐，例如，根据读者的阅读习惯和兴趣，向他们推荐相关的图书和资料。此外，数字化服务可以促进图书馆的宣传和推广，吸引更多的读者前来借阅和咨询。

未来，数字化服务将继续在图书馆中发挥重要的作用。随着技术的发展和进步，数字化服务的水平和质量也将不断提高。例如，虚拟现实（VR）和增强现实（AR）技术的应用，能为读者带来更加沉浸式的阅读体验；人工智能（AI）技术的应用能为图书馆提供更加智能化的服务，如自动分类、自动摘要等。

数字化服务是现代图书馆发展的重要趋势之一。它为读者提供了更加便捷、高效、个性化的服务，也为图书馆提供了更多的机会和可能。未来，数字化服务将继续发挥重要作用，为图书馆的发展注入新的活力。

（二）图书馆数字化服务的启示

1. 对图书馆管理模式的启示

随着科技的发展，图书馆管理模式也面临巨大的变革。传统的图书馆管理模式已经无法满足现代读者的需求，因此，图书馆数字化服务的启示对管理模式有着重要的影响。

首先，数字化服务使得图书馆的资源更加丰富。通过数字化技术，图书馆可以将大量的书籍、期刊、报纸等转化为数字资源，方便读者随时随地获取信息。同时，数字化服务可以通过智能化的管理系统对资源进行分类、编目和管理，提高管理效率。

其次，数字化服务能够提高图书馆的服务水平。数字化服务可以通过网络平台为读者提供多种形式的服务，如在线咨询、文献传递、个性化推荐等，读者不再需要亲自到图书馆来获取信息。这种服务模式不仅可以方便读者，还可以提高图书馆的读者满意度和服务质量。

最后，数字化服务对图书馆的未来发展有着重要影响。随着信息技术的发展，数字化服务成为图书馆发展的趋势。图书馆需要不断更新技术、完善服务模式，提高自身的竞争力，以适应未来发展的需要。

图书馆数字化服务的启示对管理模式有着重要影响。数字化服务不仅可以丰富资源、提高服务水平，还可以促进图书馆的未来发展。因此，图书馆需要积极推进数字化服务的发展，以更好地满足读者的需求。

2. 对图书馆服务模式的启示

图书馆数字化服务是近年来发展迅速的一种新型服务模式，它以数字化技术为支撑，将图书馆的馆藏资源、服务方式、管理模式等全面数字化，实现图书馆资源的共享和高效利用。这种服务模式的出现，对传统的图书馆服务模式产生了深远的影响和启示。

（1）服务方式的转变

传统的图书馆服务方式以纸质文献的借阅为主，读者需要到图书馆现场查找、借阅文献，受时间和空间的限制。数字化服务的出现，使得图书馆的服务方式发生了根本性的转变。读者可以通过图书馆的网站、移动应用程序等数字化平台，随时随地查找、借阅数字化文献，实现了图书馆服务的泛在化和远程化。这种服务方式的转变，使得图书馆的服务更加便捷、高效，满足了读者日益增长的个性化需求。

（2）服务范围的扩大

数字化服务的另一个重要特点是服务范围的扩大。传统的图书馆服务只能满足到馆读者的需求，数字化服务可以将图书馆的资源和服务拓展到互联网，让更多的读者享受图书馆的服务。数字化服务的出现，使得图书馆的服务范围从实体空间拓展到了虚拟空间，为更多的读者提供了便捷、高效的服务。

（3）服务模式的创新

数字化服务的出现，促进了图书馆服务模式的创新。传统的图书馆服务模式以被动服务为主，即读者主动到图书馆获取相关文献。数字化服务以主动服务为主，即图书馆通过数字化平台主动向读者推送资源和提供服务。这种服务模式的创新，使得图书馆的服务更加个性化和智能化，提高了读者的满意度和忠诚度。

（4）管理模式的变革

数字化服务的出现，对图书馆的管理模式产生了深刻的影响。传统的图书馆管理模式以纸质文献的管理为主，数字化服务以数字文献的管理为主。数字化服务的出现，要求图书馆加强数字文献的采集、加工、存储、管理等环节的工作，保证数字文献的安全和可靠。同时，数字化服务要求图书馆加强数字化平台的建设和维护，提高数字化服务的稳定性和可靠性。这种管理模式的变革，使得图书馆的管理更加高效和科学。

数字化服务的出现对传统的图书馆服务模式产生了深远的影响和启示。它使得图书馆的服务更加便捷、高效、个性化和智能化，满足了读者日益增长的个性化需求。同时，数字化服务的出现要求图书馆加强数字文献的管理和数字化平台的建设和维护工作，提高数字化服务的稳定性和可靠性。未来，随着数字化技术的发展，图书馆的数字化服务将更加完善和普及。

3. 对图书馆未来发展的启示

随着科技的进步和社会的发展，图书馆的运营模式和服务内容也在不断变化和升级。图书馆数字化服务是近年来图书馆发展的一个重要方向，它不仅可以提高图书馆的服务效率和质量，还可以拓展图书馆的服务范围和对象，为读者提供更加便捷、高效、个性化的服务。

首先，图书馆数字化服务可以提高图书馆的服务效率和质量。传统的图书馆运营以纸质图书和期刊为主，需要经过烦琐的借阅和归还流程，且图书的保管和保护也是一个非常麻烦的问题。数字化服务可以将纸质资源转化为数字电子，通过数字图书馆系统进行管理和服务，不仅可以提高图书的借阅和归还效率，还可以避免图书的损坏和遗失，延长图书的使用寿命。同时，数字化服务可以通过智能化管理、个性化推荐等方式，提高读者的阅读体验和服务满意度。

其次，图书馆数字化服务可以拓展图书馆的服务范围和对象。传统的图书馆服务对象主要是本校或本地区的读者，数字化服务可以将服务范围扩展到更广泛的读者群体，包括线上读者和远程读者。通过数字化服务平台，读者可以在任何时间、任何地点进行在线阅读、下载、查询等操作，不受时间和空间的限制，为读者提供更加便捷、高效、个性化的服务。

最后，图书馆数字化服务可以为读者提供更加便捷、高效、个性化的服务。数字化服务平台可以通过智能化推荐、个性化推荐等方式，为读者推荐更加满足其阅读需求的图书资源，提高读者的阅读体验和服务满意度。同时，数字化服务平台可以通过数据分析、用户反馈等方式，不断丰富服务内容、提高服务质量，提高读者的使用体验和服务满意度。

图书馆数字化服务是图书馆未来发展的重要方向之一。通过数字化服务平台的建立和应用，提高图书馆的服务效率和质量，拓展图书馆的服务范围和对象，为读者提供更加便捷、高效、个性化的服务。因此，人们应该积极推动图书馆数字化服务的建设和发展，为读者提供更加优质、高效、个性化的服务。

第二节　未来数字化服务的发展趋势

一、科技的不断创新

（一）科技对图书馆数字化服务的影响

1. 人工智能在图书馆数字化服务中的应用

随着科技的发展，人工智能（AI）在各个领域的应用越来越广泛。在图书馆领域，AI技术也发挥着重要作用，尤其在数字化服务方面，它已经成为一种不可或缺的工具。在图书馆数字化服务中，AI 技术的应用主要体现在以下几个方面。

（1）自动化分类和编目

传统的图书馆分类和编目工作主要依靠人工完成，不仅效率低下，且容易出错。通过 AI 技术，图书馆可以实现自动化分类和编目，大大提高了工作效率和准确性。例如，利用机器学习和自然语言处理技术，AI 可以自动对图书进行分类、编目和索引，从而节省了大量的人力资源。

（2）智能推荐系统

AI 技术可以根据读者的阅读习惯和兴趣，为其推荐合适的书籍和资料。这种智能推荐系统不仅可以提高读者的阅读体验，还可以帮助图书馆更好地满足读者的需求，提高读者的满意度。

（3）自动化排架和借阅服务

通过使用机器人技术和自动化系统，AI 技术可以帮助图书馆实现自动化排架和借阅服务。机器人可以自动将读者归还的书籍放到指定的书架上，同时也可以自动检索和提供所需的书籍。这不仅提高了图书馆的工作效率，也减少了读者等待的时间。

（4）智能化安全监控

AI 技术可以用于图书馆的智能化安全监控。通过安装智能摄像头和人脸识别技术，图书馆可以实现对进出人员的实时监控和管理。如果出现异常情况，如有人非法进入禁止进入的区域或者出现偷窃书籍等行为，系统会立即发出警报，从而保障了图书馆的安全。

人工智能在图书馆数字化服务中的应用已经成为一种趋势。它不仅可以提高图书馆的工作效率和服务质量，还可以为读者带来更好的阅读体验。未来，随着 AI 技术的不断发展和完善，它将在图书馆领域发挥更大的作用，为读者提供更加智能化、个性化、便捷化的服务。

2. 大数据在图书馆数字化服务中的价值

随着科技的飞速发展，大数据技术在许多领域都得到了广泛的应用。图书馆作为信息资源的聚集地，也在不断地探索和实践如何利用大数据技术提升数字化服务水平。

（1）个性化服务

在图书馆数字化服务中，工作人员可以通过收集和分析读者的借阅历史、检索记录、阅读习惯等数据，深入了解读者的需求和喜好。基于这些数据，图书馆可以向读者推荐个性化的阅读资源和服务，提高读者的阅读满意度。

（2）优化资源建设

大数据技术可以帮助图书馆分析不同类型资源的借阅情况和利用率，以评估资源的价值和效益。根据分析结果，图书馆可以优化资源建设，合理配置经费和资源，提高资源的利用率和效益。

（3）提升空间利用率

图书馆可以利用大数据技术分析读者的到馆时间和行为轨迹，了解读者的需求和习惯，从而合理规划馆内空间布局和服务设施。通过优化空间利用，提高图书馆的接待能力和服务质量。

（4）智能管理

大数据技术可以帮助图书馆实现智能管理。例如：可以通过分析读者的行为数据和借阅记录，预测未来的借阅趋势，为读者提供精准的借阅服务；可以根据不同读者的需求和喜好，制定个性化的阅读推广计划，增强阅读推广的效果。

（5）决策支持

大数据技术可以为图书馆的决策提供有力支持。可以通过对数据的分析和挖掘，了解读者的需求和行为特征，为图书馆的规划和发展提供科学依据。同时，大数据可以帮助图书馆优化资源配置和提高服务质量，为图书馆的可持续发展提供支持。

大数据在图书馆数字化服务中具有巨大的价值。通过应用大数据技术，图书馆可以更好地了解读者的需求和行为特征，提供更优质的个性化服务；可以优化资源配置，提高服务质量，实现可持续发展。

3. 云计算对图书馆数字化服务的推动作用

随着云计算技术的发展，图书馆数字化服务水平也得到了极大的提高。云计算技术的应用，不仅提高了图书馆数字化服务的效率，还降低了图书馆数字化服务的成本。

首先，云计算技术为图书馆数字化服务提供了更加高效的数据存储和管理。传统的图书馆数字化服务中，数据存储和管理是最大的难题。而云计算技术可以将数据存储在云端，实现对数据的集中管理和维护。这样不仅提高了数据的安全性和可靠性，还大大降低了数据丢失或损坏的风险。

其次，云计算技术为图书馆数字化服务提供了更加灵活的资源共享和服务。通过云计算技术，图书馆可以将资源共享给更多的读者，并且可以根据读者的需求提供更加个性化的服务。这样不仅可以提高图书馆的服务水平，还可以更好地满足读者的需求。

最后，云计算技术为图书馆数字化服务提供了更加高效的信息检索和咨询服务。通过云计算技术，图书馆可以将信息检索和咨询服务集成到一起，实现更加高效的信息检索和咨询服务。这样不仅可以提高图书馆的服务效率，还可以更好地满足读者的信息需求。

云计算技术的应用对图书馆数字化服务起到了积极的推动作用。它不仅提高了图书馆数字化服务的效率，还降低了图书馆数字化服务的成本。在未来，随着云计算技术的发展，它将会在图书馆数字化服务中发挥更加重要的作用。

（二）未来图书馆数字化服务的发展趋势

1. 个性化服务的加强

随着科技的进步和数字化趋势的发展，图书馆的运营模式和服务方式也在发生深刻的变化。其中，个性化服务的加强成为未来图书馆数字化服务的重要发展趋势。

在传统的图书馆服务中，读者需要根据自己的需求和兴趣寻找书籍和资料，这不仅浪费时间和精力，有时候还难以满足读者的个性化需求，而数字化图书馆的出现，使人们可以利用大数据、人工智能等技术手段，对读者的借阅行为、阅读偏好、兴趣爱好等方面进行深入分析，从而为读者提供更加精准、个性化的服务。

未来，图书馆的数字化服务将更加注重个性化服务。例如：通过分析读者的阅读偏好和行为习惯，向读者推荐合适的书籍和资料；通过分析读者的学术研究方向和背景，向其提供相关的学术资料和研究成果；通过分析读者的兴趣爱好和生活习惯，为其提供更加贴心的服务和建议。这些个性化服务的加强，不仅能够提高读者的阅读体验和满意度，还能够更好地满足读者的个性化需求。

未来图书馆数字化服务的发展趋势将以个性化服务的加强为主线，不断在创新服务模式、应用数据分析技术、促进跨界融合发展及优化用户体验等方面进行深入探索和实践。这些举措将有助于提高图书馆的服务质量，扩大其影响力，更好地满足读者的需求和期望。

2.无接触服务的普及

未来图书馆数字化服务将更加普及，且无接触服务将成为主要趋势。随着科技的发展，图书馆将更加注重运用人工智能、大数据等技术，实现自动化、智能化的服务。

在数字化服务方面，图书馆将采用更加先进的技术手段，提高数字化服务的水平和质量。例如：运用机器学习技术，自动分类、归纳和整理图书资源；运用自然语言处理技术，实现智能化的信息检索和问答系统；运用虚拟现实技术，提供沉浸式的阅读体验；等等。同时，无接触服务的普及也将成为未来图书馆数字化服务的重要趋势。无接触服务是指读者无须到图书馆实体场所，即可享受图书馆的各种服务。例如：通过图书馆网站或移动应用程序，读者可以随时随地浏览、借阅和归还图书；通过语音交互技术，读者可以与图书馆工作人员进行交流，获取各种咨询服务；通过自助服务终端和智能机器人，读者可以自主完成图书检索、预约和借还等操作。

3. 智能化技术的应用

随着科技的飞速发展和信息时代的到来，图书馆的数字化服务已经成为一种趋势，而智能化技术的应用将为这种服务带来更多的可能。

第一，智能语音交互。通过智能语音识别技术，读者可以通过语音与图书馆进行交互，查询图书信息、预约借书时间等，提高了操作的便捷性。

第二，智能安防。运用物联网技术，图书馆可以实现智能安防，对火警、烟雾等异常情况进行实时监测和预警，保障读者的人身安全。

第三，智能环境控制。通过智能传感器和调控设备，图书馆可以实现对室内环境的智能控制，包括温度、湿度、光照等，为读者提供更加舒适的学习环境。

第四，智能数据分析。通过大数据和人工智能技术，图书馆可以对读者的行为数据进行智能分析，包括阅读习惯、借阅偏好等，为个性化推荐等业务提供数据支持。

第五，智能辅助决策。通过数据挖掘和可视化技术，图书馆可以为管理层提供智能辅助决策支持，包括读者画像分析、资源优化配置等，提高决策的科学性和准确性。

未来图书馆数字化服务和智能化技术的应用将为人们的生活带来更多的便利和惊喜。例如：读者可以享受到更加智能化、个性化的服务；图书馆管理者可以实现对图书资源的智能化管理和配置；社会成员可以更加便捷地获取知识和信息，而这一切的实现都离不开科技的支持和创新。

二、图书馆在未来智慧城市中的角色

（一）图书馆在智慧城市中的技术应用

1. 大数据分析技术

在智慧城市中，图书馆可以运用大数据分析技术来更好地满足市民的阅读需求。通过收集和分析读者的借阅数据、搜索历史、阅读偏好等，图书馆可以深入了解读者的阅读习惯和需求，进而优化图书馆的资源分配和服务质量。

首先，图书馆可以利用大数据分析技术对读者的借阅数据进行深入挖掘。借阅数据包括读者对各类图书的借阅频率、借阅时间、归还时间等信息，通过对这些数据的分析，图书馆可以了解读者对各类图书的需求，进而优化图书采购和馆藏资源建设。

其次，图书馆可以通过大数据分析技术对读者的搜索历史进行挖掘。通过对读者搜索关键词的分析，图书馆可以了解读者对哪些图书感兴趣，对哪些主题的图书有需求，进而在网站或移动应用程序中提供更加精准的图书推荐服务。

最后，图书馆可以利用大数据分析技术对读者的阅读偏好进行分析。通过对读者的阅读行为、阅读时长、阅读频率等数据的收集和分析，图书馆可以了解读者对哪些类型的图书更加偏好，进而提供更加个性化的阅读推荐服务。

在智慧城市中，图书馆可以利用大数据分析技术来深入了解读者的阅读需求和习惯，进而优化图书馆的资源分配和提高服务质量。通过运用大数据分析技术，图书馆可以更好地为市民服务，为市民提供更加优质的阅读体验。

2. 云计算技术

在未来的智慧城市中，图书馆将与云计算技术紧密结合，为市民提供更加便捷、高效、个性化的服务。这种结合将使图书馆成为一个更加活跃、互动性更强的场所，市民可以在任何时间、任何地点访问图书馆资源，享受图书馆提供的各种服务。云计算是一种基于互联网的计算模式，它将数据和应用程序存储在云端，并通过云服务提供商的服务器进行计算和处理。云计算技术具有灵活扩展、高可用性、高安全性等特点，可以为图书馆提供高效、可靠的技术支持。

（1）数字化资源的整合与共享

在未来智慧城市中，图书馆将借助云计算技术实现数字化资源的整合与共享。各个图书馆可以将自己的资源数字化后上传到云端，市民可以通过任何一台终端设备访问这些资源。此外，各个图书馆还可以共享硬件设备、软件应用等资源，降低运营成本。

（2）个性化服务的实现

借助云计算技术，图书馆可以为市民提供更加个性化的服务。通过对市民的阅读习惯、兴趣爱好等信息进行分析，图书馆可以向市民推送相关的图书、文章等资源，满足市民的不同需求。

（3）高效的计算与存储能力

云计算技术具有高效的计算与存储能力，可以为图书馆提供更加稳定、可靠的技术支持。借助云服务提供商的服务器，图书馆可以快速处理大量的数据，为市民提供更加优质的服务。

在未来智慧城市中，图书馆与云计算技术的结合将为市民提供更加便捷、高效、个性化的服务。这种结合不仅可以提高图书馆的运营效率和服务质量，还可以满足市民的不同需求，促进城市的文化发展。因此，人们应该积极推动图书馆与云计算技术的结合，为未来的智慧城市发展做出贡献。

3.物联网技术

图书馆在未来智慧城市中的角色和地位将越来越重要。随着物联网技术的不断发展，图书馆将变得更加智能化和高效化，为读者提供更加优质的服务。

通过物联网技术，图书馆可以更好地掌握读者的需求和行为习惯，从而更好地规划藏书结构和空间布局。同时，图书馆可以利用物联网技术实现更加精准的资源管理，包括图书的定位、追踪和防盗等方面。此外，图书馆还可以利用物联网技术为读者提供更加个性化的服务，例如，根据读者的阅读偏好和历史记录推荐图书、为读者提供更加便捷的借阅和归还方式等。

在未来智慧城市中，图书馆将不再仅仅是一个静态的场所，而将成为城市文化交流和知识传播的重要平台。通过与城市其他机构和企业的合作，图书馆可以利用物联网技术实现更加广泛的信息共享和文化交流，为城市的文化繁荣和发展做出更大的贡献。

物联网技术将为图书馆在未来智慧城市中的发展带来无限的可能性和机遇。通过不断创新和应用新技术，图书馆将为读者提供更加优质、便捷和个性化的服务，成为未来智慧城市中不可或缺的一部分。

（二）图书馆在智慧城市中的发展策略

1. 建立合作机制

在智慧城市中，图书馆可以通过建立合作机制来促进自身的发展。首先，图书馆可以与当地政府、企业、学校等机构建立合作关系，共同推动智慧城市的建设。例如，图书馆可以与当地政府合作，参与公共文化服务体系建设，为市民提供更好的阅读体验和文化活动；与学校合作，开展青少年阅读推广活动，提高学生的阅读兴趣和阅读能力。

其次，图书馆可以与其他图书馆、文化机构、科研机构等建立合作关系，实现资源共享和优势互补。例如，图书馆可以与博物馆、美术馆等文化机构合作，共同推出文化展览和活动，提高市民的文化素养和审美水平；与科研机构合作，共同开展科研项目和学术交流活动，推动科技创新和文化传承。

最后，图书馆还可以通过建立合作机制来促进城市间的文化交流和合作。例如，图书馆可以与其他城市的图书馆、文化机构等建立合作关系，共同推出城市间的文化交流活动，促进不同城市之间的文化交流和理解。

建立合作机制是图书馆在智慧城市中发展的重要策略之一。通过与不同机构和组织建立合作关系，图书馆可以实现资源共享、优势互补、文化传承和创新发展，为市民提供更好的阅读体验和文化活动，推动智慧城市的建设和发展。

2. 创新服务模式

在智慧城市的发展中，图书馆需要不断创新服务模式，以满足市民不断增长的文化需求。首先，图书馆可以通过引入智能化技术，提高服务效率和质量。例如，利用人工智能技术，实现图书的自动借阅、归还、整理等功能，提高图书馆的运营效率。同时，图书馆还可以利用大数据技术，对读者的阅读习惯进行分析，为读者推荐更适合的阅读资源，提供更加个性化的服务。

其次，图书馆可以开展多样化的文化活动，吸引更多的市民参与。例如，举办读书分享会、讲座、展览等活动，让市民在参与过程中感受到文化的魅力。此外，图书馆还可以通过与学校、社区等机构合作，开展青少年阅读推广活动，培养市民的阅读习惯。

最后，图书馆需要注重数字化建设，为市民提供更加便捷的阅读服务。通过建设数字化图书馆，市民可以在家中或办公室通过互联网随时随地阅读电子书籍、查阅资料等。同时，图书馆还可以通过推广移动阅读终端，如手机、平板电脑等，为市民提供更加灵活的阅读方式。

图书馆在智慧城市中要得到更好的发展，需要不断引入智能化技术、开展多样化的文化活动、注重数字化建设等创新措施。这样可以提高图书馆的服务质量和服务效率，为市民提供更加便捷的阅读服务。

3. 加强人才培养

图书馆在智慧城市中的发展需要不断加强人才培养。图书馆员不仅需要具备图书馆学、信息科学和传播学等相关学科的知识，还需要掌握现代信息技术和人工智能等方面的技能。通过不断加强人才培养，图书馆员的专业素质和服务能力可以不断得到提高，以更好地满足读者对图书馆服务的需求。

除了图书馆学、信息科学和传播学等学科知识的学习，图书馆员还需要不断学习新的技术和工具，以适应智慧城市发展的需要。例如，图书馆员需要了解大数据、云计算、人工智能等现代信息技术，并能够应用这些技术为读者提供更加个性化、精准的服务。此外，图书馆员还需要具备一定的跨学科能力，能够与其他领域的专业人士合作，共同解决智慧城市发展中出现的问题。

图书馆可以通过多种途径加强人才培养。例如，图书馆可以与高校、科研机构等合作，共同开展培训课程和学术交流活动，提高图书馆员的专业素质和技能水平。此外，图书馆还可以通过定期的考核和评估机制，对图书馆员的工作表现进行评估和反馈，以激励图书馆员不断提高自己的专业素质和服务能力。

加强人才培养是图书馆在智慧城市发展中的重要保障。只有不断提高图书馆员的专业素质和服务能力，才能更好地满足读者对图书馆服务的需求，为智慧城市的发展做出更大的贡献。

第三节　鼓励社区参与与反馈

一、社区的建议与期望

（一）鼓励社区参与的策略和方法

1. 建立开放的沟通渠道，促进社区反馈

第一，建立社区论坛。为社区成员提供一个可以自由交流、讨论问题的平台。通过论坛，成员可以发表意见和建议，同时也能了解其他成员的观点和想法。

第二，定期举办社区会议。定期组织社区会议，邀请社区成员参加，共同讨论社区发展和建设的相关议题。在会议中，可以鼓励成员提出自己的看法和建议，共同商讨解决方案。

第三，社交媒体平台。利用社交媒体平台，如微博、微信等，发布社区动态、活动信息，同时也能及时收集成员的反馈和意见。

第四，电话访问或问卷调查。定期对社区成员进行电话访问或问卷调查，了解他们对社区的满意度、需求和建议。通过这种方式，可以更好地了解成员的想法和需求，为他们提供更贴心的服务。

2. 利用技术手段，提升社区参与的效率

社区参与是构建和谐社会的关键之一，也是提升社区凝聚力和发展的重要途径。然而，传统的社区参与方式往往存在一些问题，如参与人数少、参与程度低、参与效果不显著等。为了解决这些问题,人们可以借助技术手段,提升社区参与的效率。

首先,可以利用互联网平台,扩大社区参与的范围,增加参与的人数。通过建立社区网站、论坛、社交媒体群等平台,可以让更多的社区居民了解社区事务,参与社区讨论和决策。这些平台还可以提供在线投票、在线调查等服务,方便居民表达自己的意见和看法,提高参与的便捷性和积极性。

其次,可以利用大数据技术,对社区居民的行为和需求进行分析,为社区决策提供更加科学和准确的数据支持。例如:通过对社区居民的消费行为进行分析,了解居民的需求和偏好,为社区提供更加精准的服务和产品;通过对社区居民的社交行为进行分析,了解社区内部的关系和互动情况,为社区调解和治理提供参考。

最后,利用智能化设备和技术,提高社区管理和服务的效率和质量。例如:通过安装智能化的安防设备,实现对社区的安全监控和管理,提高社区的安全性和稳定性;通过引入智能化的物业管理系统,实现物业管理的自动化和智能化,提高物业管理的效率和品质。

利用技术手段提升社区参与的效率是一个重要的方向和趋势。利用互联网平台、大数据技术和智能化设备等手段,可以让更多的社区居民参与社区事务,提高社区管理和服务的效率和质量。这些措施的实施不仅可以增强社区凝聚力和发展动力,也可以为构建和谐社会提供有力的支持。

3. 制定激励政策,鼓励社区成员参与

第一,积分奖励制度。制定积分奖励制度,对积极参与社区活动的成员给予相应的积分奖励。这些积分可以用于兑换礼品或享受社区的一些特殊服务。

第二,优秀社区成员评选。定期进行优秀社区成员评选活动,对在社区建设和发展中做出积极贡献的成员进行表彰和奖励,可以激励更多的成员积极参与社区建设。

第三,发放参与奖励券。对于积极参与社区活动的成员,可以发放参与奖励券。这些奖励券可以在社区内的商家或服务机构使用，以鼓励成员更加积极地参与社区活动。

第四，颁发荣誉证书。对于在社区活动中表现突出的成员，可以为其颁发荣誉证书以示表彰。这些证书可以在一定程度上增强成员的荣誉感和归属感，进而调动他们的参与积极性。

（二）社区反馈和建议的价值

1. 社区反馈对数字化服务的优化作用

在当今数字化的世界中，社区反馈已经成为优化服务的重要途径。无论是针对软件、网站还是其他数字化产品，社区反馈都能为人们提供宝贵的意见和改进的方向。

（1）社区反馈提供真实的声音

社区反馈是用户最直接的声音，它反映了用户的需求、问题和建议。这些反馈信息能够让人们了解用户的需求和痛点，从而有针对性地改进产品和提高服务。通过社区反馈，人们可以知道哪些功能是用户喜欢的，哪些操作是他们觉得烦琐的，哪些设计是他们认为不合理的。这些真实的声音可以优化数字化服务，增强用户体验。

（2）社区反馈推动持续改进

社区反馈不仅能帮助人们了解问题，还能推动持续改进。当用户提出反馈后，人们可以通过对反馈的分析和处理，制定相应的优化方案。这个过程不仅加快了人们的反应速度，还增强了创新能力。社区反馈提供了一个持续优化的机会，能使产品和服务与时俱进，满足用户不断变化的需求。

（3）社区反馈提高用户参与度和忠诚度

当用户看到他们的反馈被重视并用于改进产品和服务时，他们会有一种参与感和成就感。这种积极的反馈循环会鼓励更多的用户参与社区建设，为产品和服务提供更多的建议和意见。同时，这能提高用户的忠诚度，使他们更愿意使用相关产品和服务，并推荐给他们的朋友和家人。

（4）社区反馈帮助发现潜在问题

除了对已有功能的反馈，社区反馈还可以帮助人们发现潜在的问题。通过社区反馈，人们可以看到一些细节问题的反映，从而及早发现并解决这些潜在的问题，避免造成更大的影响。

（5）社区反馈有助于产品决策

社区反馈在某种程度上影响了产品的决策。相关人员考虑新功能或产品的设计时，可以参考社区的反馈意见。这不仅使决策更加公正和透明，也使产品更符合用户的需求和市场的发展趋势。可以通过社区反馈，更好地理解用户的需求和市场的发展趋势，从而做出更明智的产品决策。

社区反馈对数字化服务的优化作用显而易见。它提供了真实的声音，推动了持续改进，提高了用户的参与度和忠诚度，帮助相关人员发现潜在问题，并有助于产品决策。因此，应该重视并积极利用社区反馈，使其成为优化数字化服务的重要工具。

2. 社区建议对数字化服务的创新推动

随着科技的发展，数字化服务已经成为生活中不可或缺的一部分。为了更好地满足社区居民的需求，建议在数字化服务方面进行创新推动，以提高服务质量和效率。

（1）加强数字化基础设施建设

应加强数字化基础设施建设，提高网络覆盖率，以满足居民对于数字化服务的需求。同时，应该注重网络安全和数据保护，确保居民的个人信息不被泄露。

（2）推广智能化应用

应推广智能化应用，利用人工智能、物联网等技术提高服务效率和质量。例如：可以利用智能化系统进行垃圾分类和回收，提高资源利用率；可以利用智能化设备进行健康监测和管理，保持居民健康。

（3）促进数字化教育

应促进数字化教育，提高居民的数字化素养和技能水平。通过开展培训课程、组织技术交流活动等方式，帮助居民更好地掌握数字化技能，以适应数字化时代的生活方式。

（4）加强数字化治理

应加强数字化治理，建立健全数字化服务管理制度和标准，规范数字化服务行为。同时，应该注重与居民的沟通和互动，听取居民的意见和建议，不断完善数字化服务体系。

此外，应在数字化服务方面进行创新推动，以提高服务质量和效率。这需要社区居民、政府、企业和社会各方面的共同努力，以推动数字化服务的发展。

二、共同推动图书馆数字化服务的发展

1. 加强与政府、企业等机构的合作

为了共同推动图书馆数字化服务的发展，需要加强与政府、企业等机构的合作。政府可以出台相关政策，鼓励图书馆与科技企业合作，利用先进技术推动数字化服务的升级。同时，图书馆可以与企业合作，开发更加智能化、个性化的服务，满足读者的多元化需求。此外，图书馆可以与高校、科研机构等合作伙伴进行深度合作，共同推进数字化资源建设；通过共享各自的资源和技术，大大提高资源的利用率和共享水平，为更多的用户提供高质量的学术资源和服务。在数字化资源建设方面，图书馆可以与高校、科研机构等合作伙伴共同投入人力、物力、财力，进行数字化资源的采集、加工、存储和共享，通过建立数字化资源库，方便、快捷地获取和利用各种资源，提高工作效率和学术研究水平。同时，图书馆可以与高校、科研机构等合作伙伴共同开展数字化资源的推广和宣传活动，扩大资源的使用范围和影响力，通过举办学术讲座、研讨会、展览等活动，吸引更多的用户来使用数字化资源，提高资源的共享水平和利用率。图书馆与高校、科研机构等合作伙伴共同开展数字化资源建设，可以提高资源的共享率和利用率，为更多的用户提供高

质量的学术资源和服务，促进学术交流和知识传播。通过多方合作，共同推动图书馆数字化服务的发展，为读者提供更加优质的服务。

2. 拓展资金来源，保障数字化服务的持续发展

为了推动图书馆数字化服务的持续发展，需要不断拓展资金来源。数字化服务需要投入大量的资源，包括技术、设备和人力资源等，而这些投入都需要资金的支持。因此，需要通过多种途径来筹集资金，以确保数字化服务的稳定和持续发展。

首先，可以考虑通过政府资助来获取资金。政府对于数字化服务的支持力度正在逐渐加大，因此，图书馆可以积极与政府部门合作，申请相关的资助项目或者政策支持，以减轻自身的资金压力。

其次，可以通过与企业合作的方式来获取资金。企业对于数字化服务的市场前景非常看好，因此，图书馆可以与企业合作，共同开发数字化服务项目，通过项目收益来获取资金。同时，企业也可以通过这种方式来扩大自己的业务范围，提高市场占有率。

最后，可以通过捐赠等方式来获取资金。图书馆可以积极向社会各界宣传数字化服务的重要性，并呼吁社会各界人士积极捐赠，以支持数字化服务的发展。同时，图书馆也可以通过举办各种公益活动或者文化活动来吸引更多的捐赠者。拓展资金来源是数字化服务持续发展的重要保障。人们需要通过多种途径来筹集资金，以确保数字化服务的稳定和持续发展。

3. 培养专业人才，提升服务质量与水平

随着信息技术的快速发展和互联网的普及，图书馆数字化服务已经成为一种趋势。数字化技术能够提高图书馆的服务效率和质量，同时也可以满足读者的多元化需求。为了推动图书馆数字化服务的发展，图书馆需要培养专业人才，提升服务质量与水平。图书馆数字化服务需要具备专业的技术知识和技能的人才来支撑。这些人才需要具备计算机技术、网络技术、信息管理等方面的知识和技能，能够熟练地运用各种数字化技术和工具，为读者提供高效、便捷、优质的服务。为了培养这些专业人才，图书馆可以通过招聘、培训、进修等方式来提高员工的专业素质和能力。

要提升服务质量与水平，图书馆需要注重以下几个方面：

一是建立完善的服务流程和标准。图书馆应当建立一套完善的数字化服务流程和标准，以确保服务的规范化、标准化和高效化。这套服务流程和标准应该包括服务流程、服务质量标准、服务效果评估等各个方面，从而确保图书馆的数字化服务能够达到最佳状态。通过建立完善的数字化服务流程和标准，图书馆可以更好地满足读者的需求，提高读者的满意度，并提升图书馆的整体形象。

二是加强信息安全管理。数字化服务在当今社会已经成为主流，涉及大量的信息和数据，因此图书馆需要特别关注信息安全管理。为了确保读者的隐私和数据安全，图书馆需要采取一系列严格的措施。这些措施包括但不限于：建立完善的安全管理制度、加强员工的安全意识培训、使用先进的信息技术手段进行数据加密和防护、定期进行安全漏洞检测和修复等。只有通过这些措施，图书馆才能有效地保护读者的隐私和数据安全，赢得读者的信任。

三是提高服务效率和质量。图书馆作为公共文化服务的重要场所，应该致力于提高服务效率和质量，为读者提供更好的服务体验。为了实现这一目标，图书馆可以采取以下措施：

首先，优化服务流程是提高效率的关键。图书馆可以重新审视和优化借阅、归还、咨询等各项业务流程，减少不必要的环节，提高整体效率。例如，通过自助借阅系统、智能化排架系统等工具，缩短读者借阅和归还书籍的时间，提高书籍管理的效率。

其次，提高员工素质是保证服务质量的重要因素。图书馆应该加强员工培训，提高他们的专业知识和服务技能，增强服务意识。通过建立完善的考核和激励机制，鼓励员工创新和进取，为读者提供更专业、更贴心的服务。

最后，引进先进的技术和工具是提高服务效率和质量的重要手段。例如，人工智能、大数据等技术可以用于智能推荐、信息检索等方面，帮助读者更快捷地找到所需资源。同时，图书馆还可以引入现代化的管理系统和服务平台，提高内部管理效率，为读者提供更便捷、更个性化的服务。

图书馆应该通过优化服务流程、提高员工素质、引进先进的技术和工具等方式来提高服务效率和质量，为读者提供更好的服务体验。这些措施不仅能够提升图书馆的整体形象和服务水平，更能满足读者的需求，实现公共文化服务的价值最大化。

4. 加强与读者的互动和沟通

图书馆应该通过各种渠道和方式与读者进行积极、频繁的互动和沟通，以深入了解读者的需求和反馈。通过多种沟通渠道的建立，图书馆可以更好地掌握读者的阅读偏好、对现有服务的评价以及期望的服务改进方向等信息。这种互动和沟通不仅有助于提高图书馆的服务质量和效率，还能够增强读者对图书馆的信任和满意度。图书馆可以通过多种方式与读者进行互动和沟通，如定期举办读者座谈会、设置意见箱、推出线上反馈平台、建立社交媒体账号等。在互动过程中，图书馆应该积极倾听读者的声音，对于读者提出的问题和建议，及时采取措施进行改进和优化。同时，图书馆还应该根据读者的反馈和需求，不断调整和改进服务内容和方式，以满足读者的需求和期望。通过与读者的互动和沟通，图书馆可以更好地掌握读者的阅读需求和反馈，从而为读者提供更加优质、高效的服务。这种互动和沟通不仅能够提高图书馆的服务质量，还能够增强读者对图书馆的信任和满意度，从而为图书馆的发展提供有力的支持。因此，图书馆应该重视与读者的互动和沟通，并将其作为改进服务的重要途径之一。

推动图书馆数字化服务的发展需要培养专业人才和提升服务质量与水平。只有这样，才能满足读者的多元化需求，提高图书馆的核心竞争力，实现可持续发展。

参考文献

[1] 王世伟. 以中国式现代化全面推进中国图书馆事业新发展——基于人口规模巨大的现代化的思考 [J]. 图书情报知识，2023，40（1）：6-12.

[2] 苗美娟，陆晓曦，张皓珏. 中国特色公共图书馆事业十年回顾与展望 [J]. 中国图书馆学报，2023，49（1）：22-37.

[3] 于兴尚，刘月，谭洪，等. 数智驱动下智慧图书馆的场景应用与模型体系建构 [J]. 图书与情报，2023（2）：95-102. DOI：10.

[4] 陈秋华. 智慧城市背景下 RFID 技术在图书馆建设中的应用 [J]. 智能城市，2023，9（9）：78-80.

[5] 张宝生，杨琪瑶，王雪新. 场景化与智慧化情境下移动图书馆创新升级的利益相关者博弈研究 [J]. 情报探索，2023（7）：85-93.

[6] 邹雪兰，胡云霞. 智慧图书馆在智慧城市背景下的建设探讨 [J]. 科技经济市场，2023（1）：13-15.

[7] 黄海晶，祝黎丽，刘威妍，等. 智慧图书馆驱动下的高校图书馆转型实践探析——以浙大城市学院图书馆为例 [J]. 农业图书情报学报，2022，34(2)：102-113.

[8] 韦瑛，陆启光. 粤港澳大湾区图书馆科技信息协同服务探讨 [J]. 图书情报导刊，2022，7（1）：30-37.

[9] 陈春燕. 智慧城市语境下智慧图书馆建设规划实施路径 [J]. 科技资讯，2023，21（15）：218-221.

[10] 金武刚. 公共图书馆高质量发展：内涵、定位与任务 [J]. 图书与情报，2021（1）：19-25.

[11] 苗美娟，李斯. 全面建成小康社会进程中公共图书馆服务的"中国创造" [J]. 图书馆论坛，2021，41（12）：12-21.

[12] 杜慧苗. 公共图书馆运营中存在的问题及对策分析：以驻马店市图书馆为例 [J]. 艺术科技，2021，34（1）：104+105，184.

[13] 刘冬. 数字孪生技术驱动下智慧图书馆场景化服务模式分析 [J]. 畅谈，2023（14）：231-233.

[14] 于大勇. 智慧图书馆背景下的中学图书馆空间再造实践研究 [J]. 中文信息，2023（5）：61-63.

[15] 王一先. 新媒体环境下图书馆的转型升级路径探析 [J]. 传播力研究，2022，6（29）：154-156.

[16] 包纲. 基于5G技术的城市公共智慧图书馆建设 [J]. 中国报业，2023（2）：129-131.

[17] 张敏，应颖. 图书馆自助阅读书房建设研究：以宁波市海曙区为例 [J]. 图书馆工作与研究，2021（5）：114-120.

[18] 张艳丰，欧志梅. 数字孪生技术驱动下智慧图书馆场景化服务模式研究 [J]. 情报理论与实践，2022，45（8）：47-53.

[19] 韩冰. 智慧图书馆：新维度及它栖息地的探究 [J]. 中文信息，2022（9）：52-54.

[20] 肖英. 基于智慧图书馆技术的公共图书馆阅读推广模式研究 [J]. 中文信息，2022（8）：40-42.

[21] 刘明夺，张鹏，谭利岩. "智慧城市"建设背景下交通专业人才培养模式探索 [J]. 创新创业理论研究与实践，2022，5（6）：119-121.

[22] 刘津彤. 智慧城市背景下中学智慧图书馆建设的策略探讨 [J]. 文渊（中学版），2022（1）：166-168.

[23] 谢嘉欣，叶青，唐丽萍，等. "双一流"背景下医学院校智慧校园智慧图

书馆建设的实践探索与思考 [J]. 大众科技，2023，25（4）：143-146.

[24] 尼玛格桑. 高质量发展视域下西藏图书馆智慧化发展路径探析 [J]. 西藏科技，2023，45（9）：28-32.

[25] 魏奎巍. 基于 5G 技术的城市智慧型图书馆建设 [J]. 数字技术与应用，2022，40（8）：124-126+220.

[26] 赵辉. 智慧城市建设与高校图书馆嵌入型社会教育服务模式研究 [J]. 智能城市，2022，8（7）：22-24.

[27] 赵宇鹏，马佳，王悦澎，等. 智慧城市语境下智慧图书馆建设规划实施路径 [J]. 信息记录材料，2022，23（6）：102-104.

[28] 晁亚男，胡莹. 智慧城市背景下国外公共图书馆发展现状研究：以新加坡、澳大利亚、加拿大三国为例 [J]. 国家图书馆学刊，2021，30（4）：86-98.

[29] 龚瑾，吴春芳. 基于 5G 时代的智慧图书馆建设模式与路径优化研究 [J]. 信息记录材料，2021，22（5）：243-245.

[30] 杨琳. 高校新建智慧图书馆规划设计经验探讨：以河南理工大学新建图书馆为例 [J]. 传媒论坛，2021，4（21）：146-148+151.